Félicienne Ricciardi-Bartoli

La Route de l'Olivier

Pays d'accueil du Salagou
Clermontais-Lodèvois
Vallée de l'Hérault

avec le concours de

Christian Catoire
Centre de pomologie - La Mazière
Salagou, Pays d'Accueil

E&C

Félicienne Ricciardi-Bartoli
Ethnologue
IDEMEC UMR 6591 CNRS/Université d'Aix-Marseille

A publié :

La cuisine corse : savoirs, transmission, évolution, in le guide de la Corse, la Manufacture édit., Besançon, 1991.

Cuisine et alimentation, Cahier d'Ethnologie corse, CNDP, Ajaccio, 1992.

La relance ou revitalisation de l'oléiculture en France, rapport à la Mission du Patrimoine Ethnologique, Ministère de la Culture, Paris, 1997.

La géographie agricole de la Corse, in Corse, produits du terroir et recettes traditionnelles, coll. inventaire du patrimoine culinaire de la France, Albin Michel - CNAC édit., Paris, 1996. *Participation à la réalisation, travaux documentaires et rédactionnels.*

A réalisé :

Patisseries en Corse. Film ethnographique conçu pour le musée anthropologique de Corte, 1995.

ISBN 2-911722-02-7
EAN 9782911722028
© Etudes & Communication Editions - 1998
ESPARON F-30120 BEZ-ET-ESPARON
Tous droits réservés pour tous pays

Le Code de la propriété intellectuelle interdit les copies ou reproductions intégrales ou partielles faites par quelque procédé que ce soit, sans le consentement de l'auteur ou de leurs ayants cause, est illicite et constitue une contrefaçon sanctionnée par les articles L. 335-2 et suivants du Code de la propriété intellectuelle.

Sommaire

Introduction	4
I Histoire de l'oléiculture Languedocienne	
• L'oléiculture antique en Languedoc méditerranéen	5
• Le Moyen Age (V^e-XVe siècles)	10
• Du XVIe au XVIIIe siècle	11
• Les gels du XVIIIe siècle	14
• De la Révolution au gel de 1956	15
• Les confiseries d'olives depuis le XVIIIe siècle	16
• Les huileries depuis la fin du XIXe siècle	21
• Le gel de 1956	24
II L'oléiculture dans le département de l'Hérault	
• Caractéristiques géoclimatiques	28
• Situation du verger oléicole et son évolution	30
• Variétés cultivées	30
• Transformation et commercialisation	31
a. La confiserie d'olives, recettes de confiserie	31
b. L'huilerie	38
III Relance ou revitalisation de l'oléiculture	
• Remise en état, développement et amélioration des oliveraies et des paysages oléicoles	44
Recherche	45
Information et formation	46
Réhabilitation des sites oléicoles	47
Coupures vertes contre les incendies	48
• Amélioration de la qualité des olives et de l'huile	51
Analyses chimiques et évaluations organoleptiques	51
• Les concours	52
Les appellations commerciales	54
Les appellations d'origine contrôlée (AOC)	55
Les huiles de variété	56
L'huile de terroir	57
III Médiation et promotion des produits oléicoles	
• L'huile d'olive : un produit naturel	59
• L'huile d'olive : ses vertus diététiques et curatives	59
• Huile d'olive, olives et gastronomie	63
Recettes aux saveurs d'huile d'olive	64
• Développement du tourisme, colloques, fêtes et foires	70
Conclusion	73
Fiches des variétés d'oliviers cultivés dans l'Hérault	74
Bibliographie	95

Introduction

L'Olivier un arbre millénaire, symbole de la Méditerranée

L'olivier et son huile occupent une place prépondérante dans les cultures des civilisations du pourtour méditerranéen.
Il est symbole de paix et de prospérité : c'est au cours d'un conflit opposant Poséidon et Athéna que l'olivier aurait été introduit en Grèce ; c'est avec un rameau d'olivier que la colombe annonce à Noé la paix et la vie retrouvées.
L'huile était utilisée dans l'alimentation, la pharmacopée et les soins du corps ; l'huile lampante servait à l'éclairage. L'huile a en outre des usages religieux et magiques : dans la religion chrétienne l'huile bénite sert aux onctions et à la préparation du saint chrême, l'huile était aussi utilisée dans les pratiques médico-magiques.

Saint chrême et parfums dans la Bible

…« *Yahvé parla à Moïse et lui dit : Procure-toi des parfums de choix cinq cents sicles de myrrhe vierge, la moitié de ce poids de cinnamome odorante - soit deux cent cinquante sicles - et deux cent cinquante sicles de roseau odoriférant cinq cents sicles de casse (selon le sicle du sanctuaire) et un setier d'huile d'olive.*
Tu en composeras un saint chrême, un mélange odorant comme en opère le parfumeur, ce sera un saint chrême. Tu en oindras la Tente de Réunion et l'arche du Témoignage la table et tous ses ustensiles le candélabre et tous ses accessoires ; l'autel des parfums l'autel des holocaustes et tous ses ustensiles le bassin et son socle. Tu les consacreras ils seront alors d'une sainteté éminente et tout ce qui les touchera sera saint. Tu oindras Aaron et ses fils, et tu les consacreras pour qu'ils exercent mon sacerdoce. Puis tu t'adresseras aux enfants d'Israël en ces termes : Vous tiendrez ceci pour un saint chrême de génération en génération. On n'en versera pas sur le corps d'un homme quelconque et vous n'en ferez pas de semblable, de même composition. C'est une chose sainte ; vous le devez tenir pour saint. Quiconque en imitera la composition ou en oindra un laïc sera retranché du milieu des siens »…
(Exode)

Chapitre 1

Histoire de l'oléiculture Languedocienne

La culture de l'olivier en Languedoc a connu de nombreux aléas, et elle a varié au cours des temps de manière importante.

L'oléiculture antique en Languedoc méditerranéen

L'olivier sauvage ou oléastre est indigène en Languedoc, ainsi que l'attestent les travaux des archéologues. Des restes d'olives sont reconnus dès l'Age du Bronze dans l'Aude. Les recherches révèlent l'utilisation du bois d'olivier pour les feux domestiques dès la fin du VIe siècle à la Jouffre (Gard), à Ambrussum et dans la plaine du Vistre au Ier siècle av. notre ère, et au Ier siècle de notre ère à Lunel-Viel (Hérault).

La fabrication de l'huile daterait de l'installation des Grecs. Les éléments de pressoir (fragments de maie, de contrepoids, de bloc d'assise ou de *mola olearia*) datant de l'Age du Fer découverts à Agde, Lattes, Magalas, Murviel-lès-Montpellier, Nissan-lès-Ensérune, en témoignent. Afin de subvenir à leurs besoins en huile, pour la cuisine, l'éclairage, l'hygiène, la médecine et certaines pratiques religieuses, les Grecs ont introduit en Languedoc leur savoir-faire agronomique et technique lié à l'oléiculture. L'olivier connut un développement sensible de sa culture à la fin du IVe ou au début du IIIe siècle av. notre ère.

Alabastre, céramique d'Athènes.

A partir de la nouvelle ère, au Ier siècle apr. J.-C., il semblerait qu'on puisse mettre en évidence deux zones géographiques bien distinctes : la plaine languedocienne vouée aux céréales et à la vigne, les piémonts et les contreforts montagneux plantés en oliviers.

Bien que les données recueillies ne permettent pas d'évaluer la production des huileries inventoriées, ni l'importance des domaines, les travaux des chercheurs permettent d'affirmer que les installations oléicoles apparaissent au Ier siècle de notre ère, la majorité d'entre elles daterait de la fin du Ier ou du début du IIe siècle de notre ère.

La production d'huile locale permettait de subvenir aux besoins locaux. Des vestiges oléicoles sont répertoriés dans les départements de l'Aude (Bize-Minervois, Mailhac), du Gard (Goudargues, Saint-Laurent), et de l'Hérault. L'étonnante concentration de ces vestiges oléicoles (six installations de pressurage : le site des

CONSOMMATION DE L'HUILE D'OLIVE DANS L'ANTIQUITÉ

...« *Les anciens distinguaient de nombreuses qualités d'huile, selon la variété d'olives dont elle était issue, le moment de la cueillette et le moment de l'extraction... Les olives d'oléastres (oliviers sauvages) étaient cueillies : on en tirait une huile peu abondante, plus fine et amère, qui était employée pour les préparations médicinales. Selon le moment où les olives étaient récoltées, on obtenait de l'huile d'été, de l'huile verte ou de l'huile mûre. En été avec les olives tombées, on faisait de l'oléum acerbum dont le rendement était faible... En novembre, des olives encore vertes, on tirait l'oléum omphacium que l'on utilisait surtout en pharmacie et en parfumerie de préférence à l'oléum viride, l'huile verte, qui s'extrayait d'olives bigarrées, non encore totalement mûres... Enfin, l'huile ordinaire, l'oléum cibarium, était tirée d'olives parvenues à complète maturité cueillies entre décembre et mars ; son rendement était optimum, mais son goût était moins apprécié et elle se vendait moins cher. La manière dont l'huile était extraite n'avait pas moins d'importance : on appelait la « fleur » la première huile qui coulait du pressoir : c'était la plus délicate, celle qu'on employait pour les parfums et les massages lors du bain. L'huile qu'on obtenait ensuite par serrage complet de la presse était destinée à l'alimentation. L'huile issue des pressées successives nécessitées par la faible puissance des presses, ne devait pas être mélangée à l'huile de table : on la destinait aux usages domestiques et à l'éclairage... Enfin venait la graisse tirée des margines. Les margines sont les résidus du pressurage formés d'eau de végétation et boues huileuses. Par décantations successive, par évaporation et par cuisson, on obtenait un liquide graisseux (amurca) dont les usages étaient multiples : graisse pour les essieux et les cuirs, protection des meubles et des grains, étanchéité des sols et des jarres, remèdes pour les animaux et les hommes.*
L'usage principal de l'huile restait néanmoins l'alimentation. Les Grecs de Marseille et de ses comptoirs l'utilisaient pour la friture de poisson dont ils faisaient une grande consommation, pour préparer des poissons cuits à l'étouffée dans des faitouts (les lopades) et des ragoûts de viande dans des marmites (les chytrai). Les Romains l'employaient pour assaisonner les légumes, les soupes et les poissons mais elle servait surtout comme fond de cuisine... Selon Caton l'Ancien, au IIe siècle avant notre ère, elle entrait également dans la composition des gâteaux : le placenta était une sorte de gâteau au fromage et au miel formé de plusieurs feuilles de pâte imbibées d'huile et séparées par du fromage mêlé de miel et cuit au four...
Pour la fin de l'Antiquité, les textes montrent de nouveaux usages de l'huile liés aux besoins créés par la religion chrétienne : les moines en font grand usage, car c'est un gras « maigre » que l'on utilisait durant le carême à la différence du saindoux... Par ailleurs, la nécessité d'éclairer les lieux de culte par des lampes à huile oblige les religieux à se préoccuper d'un approvisionnement régulier en huile, soit en possédant directement des olivettes, soit en obtenant des exemptions de droits de péage. »

Brun, Jean-Pierre. *Conserves et huile d'olive*, in les Dossiers d'Archéologie n° 3, éditions Faton.

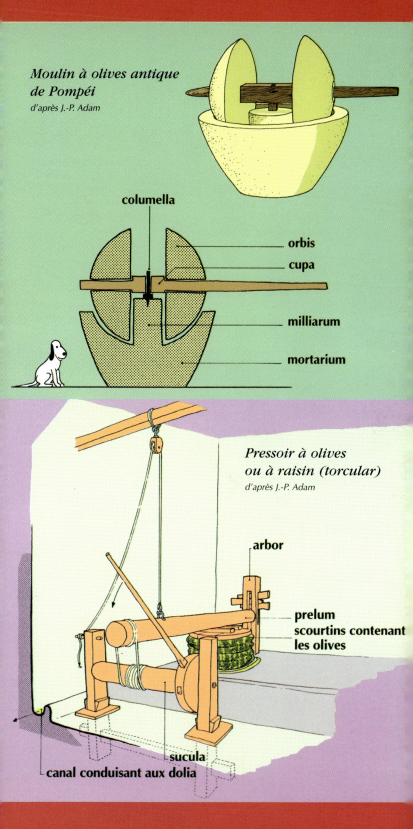

Roujals-Nord à Ceyras, en bordure de l'antique voie Cessero-Luteva, La Tour-sur-Orb dans la haute vallée de l'Orb, le site de Puech-le-Grilloux à Pézènes-les-Mines, la villa de la Combe-de-Fignols à Péret au sud de Clermont-l'Hérault, la villa de Peyre-Senhe à Puissalicon, le site gallo-romain le Grand-Camp à Octon), dans le secteur nord de Béziers, compris entre l'Orb et l'Hérault, indiquerait un besoin local d'huile plus élevé qu'ailleurs en Languedoc. Les mines exploitées entre le Ier siècle av. notre ère et le Ier siècle de notre ère, expliqueraient la multiplicité des huileries.

Les textes anciens et les vestiges archéologiques permettent aujourd'hui une approche éclairée de l'oléiculture antique languedocienne, implantée par les Grecs pour leur usage, développée à l'époque romaine et gallo-romaine, de manière inégale suivant les régions, elle participe à la trilogie méditerranéenne chère à Braudel « le blé, l'huile et le vin ».

Si l'olivier était cultivé dans le sud de la France dès l'Antiquité, on suppose néanmoins que la production d'huile d'olive était insuffisante puisque l'on a importé de l'huile d'olive de Bétique (Andalousie actuelle) durant les trois

Lampe à huile paléochrétienne, V-VIe siècle, décorée au moule de motif d'inspiration chrétienne, coll. part.

Pressoir traditionnel d'une ferme de Pompéi dont le levier est constitué d'un tronc de chêne auquel on a laissé son massif de racines pour faire office de contre poids. D'après J.-P. Adam

Carte de la culture de l'olivier en France, Durand et Flahaut

premiers siècles de notre ère. Cette huile arrivait par voie maritime dans des amphores, des débris d'amphores ont été retrouvés à Bagnols-sur-Cèze près de Nîmes. Les amphores à huile avaient une forme de bonbonne, une paroi épaisse, des anses fortes, courtes et très arquées impossibles à confondre avec les amphores à vin qui étaient longues et fuselées.

Plusieurs types de pressoirs antiques ont été retrouvés à Bagnols-sur-Cèze, mais il est difficile de distinguer les pressoirs à huile des pressoirs à vin.

A partir du IIe siècle de notre ère, le développement du christianisme en Languedoc et la multiplication des ordres religieux qui en résulta favorisèrent la diffusion de l'olivier, les besoins en huile pour les cérémonies étant importants. L'huile d'olive entrait dans la composition du saint chrême, mélange d'huile et de baume servant aux consécrations et aux saints sacrements.

Le Moyen-âge (V^e-XVe siècles)

La documentation concernant le haut Moyen âge est particulièrement pauvre. L'huile ne figure ni parmi les redevances seigneuriales, ni parmi les dîmes et l'on ne rencontre pas de mention de moulin avant le bas Moyen Age. Il est fort possible que la production d'olives ait connu durant cette période un ralentissement.

Au XIe siècle à Aniane dans l'Hérault, A. Durand signale la création, d'un véritable terroir arboricole fondé essentiellement sur la culture de l'olivier[1].

Au XIIIe siècle, le 2 juin 1293, les habitants d'Aniane conviennent de payer « *aux seigneurs abbés d'Aniane et ses successeurs et aux sieurs courozier, infirmier et sacristain, ensemble et aux autres officiers du même monastère et leurs successeurs la quatorzième partie des olives pour la dîme payable aux portes d'Aniane* »[2].

Les registres de délibérations de la communauté d'Aniane font état de deux terribles hivers des années 1421 et 1422 qui ont détruit les oliviers. L'étude des compoix (registres publics servant à établir l'assiette de la taille et autres impositions) fournit des indications précises sur la place tenue par les olivettes à cette époque. Dans la région d'Uzès, on sait qu'entre 1477 et 1560 la surface des olivettes a augmenté. Elles occupent essentiellement les petites propriétés.

Ce n'est qu'au XVe siècle que s'améliore la technique de production de l'huile et que celle-ci devient une denrée commerciale. Les conditions économiques étant plus favorables, accroissement démographique, utilisation culi-

1. *A. Durand, op. cit.*
2. *P. David, op. cit.*
3. *P. David, op. cit.*

naire croissante de l'huile d'olive et emploi dans la préparation de la laine ; les oliveraies reprennent de l'ampleur dans le paysage. Mais les hivers de 1571, 1587, 1595, et 1600 furent rigoureux et causèrent la perte de la plupart des oliviers.

Toutes ces traces montrent bien que l'olivier est présent en Languedoc, que son huile est utilisée aussi bien pour l'éclairage que pour la cuisine. Mais dans quelle proportion ? Nous n'avons pas d'information dans ce sens pour la région languedocienne, les travaux de Louis Stouff sur la Provence du XIVe et XVe siècle montrent qu'en dehors du Carême et des fritures de poissons l'huile d'olive est peu utilisée, on ne consomme de l'huile d'olive que pour préparer œufs et poissons pendant les jours maigres, qui représentent toutefois 150 jours par an.

Du XVIe siècle au XVIIe siècle

La période moderne a vu l'extension maximum de l'olivier en latitude et en altitude. Il apparaît même dans des régions au microclimat peu favorable. Agronomes, possédants, seigneurs incitent à développer l'oléiculture malgré la lenteur de la croissance de l'arbre et donc de son premier rapport réel. Le roi lui-même prit des mesures favorables, en effet François Ier en 1535, généralise l'exemption de la dîme sur les oliviers.

Les communes où il tenait déjà une certaine place, semblent lui donner maintenant un rôle de premier plan : la situation des olivettes, en petite, moyenne et grande propriété comme culture prédominante, avant même les céréales ou la vigne, marque l'originalité de l'époque : « *Dans ce lieu les habitants n'ont d'autre rente que celle des olives pour pouvoir subvenir à leurs affaires, n'y ayant pas de bled pour la provision d'un douzième de la ville* » écrivent le 5 juin 1689 les consuls, à propos d'Aniane.[3]

Le fabricant d'huile, illustration fin XIXe s. d'après la gravure de J. Amman, XVIe siècle

L'expansion est favorisée par le mode de culture de l'arbre, dont l'entretien est peu coûteux et qui permet une

LES MOULINS DU XVIIIE SIÈCLE

On distingue les moulins (ou plutôt les pressoirs) à vis ou à martin, qu'on nomme en différents lieux moulins à la cigogne, à la cuisse, à l'aussepren. Ils ne diffèrent que par le levier et par la manière dont agit la puissance. Plus grande est la pression meilleur est le pressoir... Pour décrire la manœuvre, il faut nécessairement se servir des termes de l'art ; j'emprunterai ceux qui sont d'usage à Montpellier, puisque c'est le lieu où j'écris et où j'ai fait mes principales observations. La première opération qu'on fait subir aux olives, que nous avons laissées en dépôt dans l'un des greniers qui font partie de l'atelier à huile, c'est de les détriter ou égrener ; c'est-à-dire de les moudre et les écraser sous une meule tournante, en broyant la chair et le noyau tout ensemble... La meule sous laquelle on écrase les olives est posée de champ ; son axe tient à un pivot vertical portant par en bas sur un socle, étant retenu par en haut par une traverse. Ce pivot qui est de fer ou de bois, est dressé au milieu d'un bâti en pierre, évasé, avec un grand rebord ; c'est ce qu'on appelle vulgairement ici « lou ménat », sorte de huche. Le pivot tourne sur lui-même au moyen d'un levier horizontal que fait mouvoir circulairement une bête de somme, en parcourant tout le tour de la huche ; tantôt ce sont les vannes d'un moulin à eau qui font tourner la meule...
Les olives sont versées à pleines cornues dans la huche, et rejetées souvent sous la meule avec une pelle de bois à long manche, à mesure qu'elles se changent en pâte. La mesure est déterminée pour la quantité d'olive qu'on égrène ou qu'on détrite chaque fois... On met une heure ou cinq quarts d'heure pour les bien écraser et les réduire en pâte : c'est ce qu'on appelle une « ménade ». La pâte étant formée, on la retire, et on peut obtenir quelque peu d'huile vierge... On entend par huile vierge, la première qui découle des cabas amoncelés les uns sur les autres et au premier coup de pressoir, sans qu'on y verse d'eau bouillante. D'autres appellent huile vierge, celle qu'on tire tout exprès des olives un peu vertes, sans les avoir entassées... On connaît encore l'huile vierge « sauvagine », qui n'est tirée que des olives sauvages...
Les cabas dits aussi « escourtins » ou « scoufins » sont des paniers de forme particulière, faits tantôt avec l'espèce de roseau, dit masse d'eau, (thypha) ou jonc des étangs, en patois, « borios », « bores », « pasbeaux » et « ausses » ; tantôt avec le spart dont on forme les cordes appelées vulgairement « jonquines ». On tresse ces joncs en bande d'environ trois ou quatre doigts de large ; on coud circulairement ces bandes, et on en forme des disques qui peuvent avoir deux pieds et demi de diamètre. Deux de ces disques sont ensuite cousus par leur bord, et on laisse à l'un d'eux qui doit être le supérieur, une ouverture circulaire d'environ un pied de diamètre. C'est par cette ouverture qu'on charge le cabas de la pâte d'olive ; c'est par là qu'on l'en retire en gâteau sec et à pièces brisées...
On entasse les cabas chargés de pâte, les uns sur les autres, sur les « mayes » et sous le pressoir suspendu, en formant deux colonnes, dites « pilons » plus ou moins hautes, selon la quantité des cabas toujours trop grande que l'on empile...
Tout étant ainsi disposé, on tord le pressoir ou les deux presses, on les fait agir avec force, crier, gémir. L'huile transsude à travers les cabas, elle coule de toutes parts ; elle sort cette première fois en moussant comme une écume ; c'est aussi ce qu'on nomme ici la « mousse » ; Lorsque cette première huile cesse de couler, on lâche les vis, on détord le pressoir, on remonte les presses : ce qu'on répète jusqu'à deux ou trois fois et les cabas retirés, on y verse à grande cuillerée (instrument de cuivre appelé la « casse ») de l'eau bouillante pour l'humecter, et on fait agir vigoureusement la presse : ce qu'on répète jusqu'à deux ou trois fois, ce qui est dit chez nous « remana », en ajoutant toujours de l'eau chaude pour humecter le marc ou le dissoudre...
L'huile qui sort des cabas, est reçue dans une grande auge de pierre... L'huilier ou l'ouvrier préposé à cela la ramasse légèrement avec une grande cuiller, presque plate en forme d'écumoire dite « la levette ». Cette huile est versée dans un instrument concave et à manche court que l'ouvrier tient dans l'autre main ; c'est la « poussette » dont il se sert aussi pour puiser l'huile, en commençant, lorsqu'il y a en beaucoup dans l'auge. De la « poussette », l'huile est versée, au moyen d'un entonnoir (embut) dans le barral qui doit servir à la transporter chez le maître. Le barral est bouché avec un gros tampon de linge, qui retient toujours quelque peu d'huile pour le maître du moulin ou son fermier. Les trois ustensiles désignés par les noms « levette, poussette, embut » sont pour l'ordinaire de cuivre, laiton ou de fer blanc. »

Amoreux P.-J., Le Traité de l'olivier, Montpellier, 1784, p. 290-298.

rentrée d'argent liquide. La demande s'accroît pour l'huile alimentaire et les savonneries.

L'apogée de la culture de l'olivier dans le Languedoc semble se situer aux XVIe et XVIIe siècles. La récolte des olives représente alors un des plus considérables revenus. La production est excédentaire, on exporte les olives et l'huile vers la Suisse, l'Allemagne et l'Angleterre. A Aniane, on vend l'huile aux gens des montagnes d'Auvergne, du Rouergue, des Cévennes et aux savonneries étrangères, marseillaises ou locales. Les huiles entrent pour une bonne part dans la fabrication du savon. Un arrêt du Conseil d'Etat du roi, du 19 février 1754 réglemente la fabrication de ce produit. L'article 2 stipule : *« On ne pourra se servir dans la fabrique du savon d'aucune graisse, beurre ou autres matières, mais seulement d'huile d'olive pure et sans mélange de graisse ; et ne pourront les dites huiles être employées à la dite manufacture avant le premier mai de chaque année* [4]. Utilisant l'huile résiduelle des « enfers », on trouvait de nombreuses savonneries artisanales travaillant dans presque tous les lieux pourvus de moulins à huile. Les savonneries de Saint-Jean-de-Fos, de Gignac, Saint-Guilhem-le-Désert, Aniane avaient comme principaux clients les industriels de la laine de Lodève, Clermont et Villeneuvette.

En 1763, la Provence obtint un privilège exorbitant favorisant la vente de son huile : un arrêt du Conseil exempte du droit de 50 sols par quintal, imposé sur les huiles de Provence pour Marseille ou qui sortiront pour l'étranger. Les huiles du Languedoc ne peuvent alors concurrencer

4. *P. David, op. cit.*

Oliveraies et vignes, Saint-Jean-de-la-Blaquière

DE LA GREFFE

Quoique les auteurs, entre autres de Herrera, aient indiqué trois ou quatre manières de greffer les oliviers; savoir, en couronne, à l'écusson, en cannelle, ou en flûte et en fente; il n'y a pourtant qu'une manière usitée, c'est celle à l'écusson ou en emplâtre, comme disent les paysans; elle est aussi la plus sûre. Elle se fait à œil poussant; c'est-à-dire, lorsque l'arbre est en sève; ce qui arrive au commencement du mois de Mai, quelques jours plutôt ou plus tard selon la saison. Les bons cultivateurs aiment mieux attendre quelques jours plus tard, afin que l'arbre ait plus de sève; ce qui arrive ordinairement du 10 au 15…

Il est une circonstance essentielle à observer pour la reprise de la greffe, et pourtant fort négligée; c'est la convenance qui doit se trouver entre elle et le sujet, tant par rapport à la stature de l'arbre et à sa constitution, que par rapport à la grosseur du fruit, et à sa nature précoce ou tardive. Nous avons dit précédemment qu'il y avait des oliviers d'un gros cortage, et d'autres qui restaient constamment petits ou de grosseur moyenne; que les uns étaient hâtifs à fleurir et que les autres étaient très longs à mûrir leurs fruits. Ce sont des considérations qu'il ne faut pas perdre de vue quand on veut greffer à propos; sans quoi telle greffe ne pourra être adoptée par l'arbre, ne se collera pas même; telle autre ne donnera que du bois, des rameaux infertiles; une autre sera sujette à couler; cette autre enfin ne pourra un jour nourrir son fruit. Si l'on ente* par exemple une espèce hâtive, comme l'Ouliviere sur un plant tardif, tel que le Bouteillaou, on comprend que la greffe doit manquer de sève, et qu'elle sera séchée quand l'arbre auquel on l'insère sera en état de lui en fournir. L'Ouliviere est aussi tardive respectivement à d'autres espèces. C'est faute d'observer cette convenance qu'on perd souvent son temps et ses peines. Les paysans disent que certaines espèces ne vont pas ensemble, qu'il y a de l'antipathie entre elles. La cause en est facile à démêler; le mystère vient d'être éclairci.

L'expérience a appris qu'on pourrait greffer l'olive Ponchude sur la Pigaou et vice versa; la Salierne sur la Rougette et la Marseillaise; et de même l'une sur l'autre. L'Ouliviere et la Ponchude se greffent aussi sur la Corniale pointue comme elles. On greffe encore la Rougette espèce admirable pour sa qualité et son produit, sur la Bouteillaou et la Pigaou, la Salierne, l'Argentale, la Marseillaise et la Courniale sur la Verdaou…

La facilité qu'il y a à greffer, met une agréable variété dans nos champs d'oliviers; et cette variété d'espèces peut assurer un produit annuel; parce que si les unes sont plus délicates, les autres résistent davantage aux intempéries des saisons.

**enter et greffer sont ici des synonymes*
Amoreux P.J. Le Traité de l'olivier, Montpellier, 1784, p. 180-188.

les prix pratiqués par les huiles de Provence, favorisées par l'arrêt du Conseil, à partir de ce moment-là il n'y a plus de demande, le marché s'effrite.

Les gels du XVIIIe siècle

Au XVIIIe siècle, la culture de l'olivier subit de nombreuses vicissitudes.

Dès le début du siècle, le Languedoc accorde une place de

plus en plus importante à la vigne. Vers 1740, les plantations de mûriers sont encouragées par le gouvernement. De plus, cette période est marquée par un désintérêt pour l'huile, bien qu'elle soit insuffisante puisqu'on en importe de Provence et du Roussillon. Le grand hiver de 1709 stoppe les efforts d'extension de l'olivier et l'entraîne dans un anéantissement presque total. L'hiver de 1728 est aussi rude. La restauration oléicole est ensuite entreprise, à partir de 1728 ; mais de nouveau les gels de 1740, 1745 et 1755 découragent les propriétaires des olivettes. A l'approche de la Révolution, alors que l'huile suscite un nouvel intérêt et que l'on s'attache à nouveau au développement des olivettes, le mûrier n'ayant pas fourni tous les avantages escomptés, le gel catastrophique de 1788-1789 ruine encore les oliveraies. Dans le diocèse de Lodève 155 715 oliviers périrent, dont 34 491 dans 8 communautés proches d'Aniane (10 221 à Saint-André ; 4 371 à Saint-Félix-de-Lodez ; 7 666 à Montpeyroux ; 980 à Saint-Guilhem ; 1 197 à Saint-Guiraud ; 4 384 à Jonquières ; 4 609 à Saint-Saturnin ; 1 063 à Arboras)[5].

Le Languedoc importe des huiles d'Espagne, d'Italie et du Levant pour subvenir à ses besoins.

Les années catastrophiques marquées par les grands froids ou les longues sécheresses font que l'olivier du XVIIIe siècle est relégué sur les sols les plus pauvres, collines arides ou sols « ingrats » de la plaine. On le voit fréquemment planté au bord ou au milieu des champs de vignes. Il n'occupe plus le devant de la scène mais continue à participer à la diversification du terroir languedocien.

De la Révolution au gel de 1956

Durant cette période, l'olivier résiste péniblement aux grands changements économiques, le déclin de l'oléiculture est continu.

Le climat du XIXe siècle est moins rigoureux, on connaît cependant trois années difficiles : 1819, 1846 et 1885. La politique libre échangiste du Second Empire a ouvert la porte aux huiles italiennes et espagnoles, les oléagineux (colza en France, arachides en Afrique) ont remplacé presque complètement l'huile d'olive pour ses usages industriels, le pétrole prend sa place dans les lampes. La plaine languedocienne abandonne la culture de l'olivier, pour se tourner vers la viticulture plus rentable : une ordonnance royale de 1830, encourage l'extension des plantations d'oliviers sur les mauvais terrains.

Parallèlement à la disparition des moulins à partir de 1850 on voit se créer et se développer les confiseries d'olives, le triangle Gignac - Aniane - Saint-Jean-de-Fos, devient un des plus grands producteurs de l'Hérault.

5. P. David, op. cit.

Les confiseries d'olives depuis le XVIIIe siècle

Bien que l'on possède peu d'information sur la confiserie d'olive, antérieure au XIXe siècle, il semblerait que ce type de préparation soit très ancien, de nombreux documents du XVIIIe siècle en font état.

Les frères Picholini, au XVIIIe siècle, mirent au point en Provence, à Saint-Chamas et Miramas, une préparation semi-industrielle de confiserie d'olives, dite à la Picholine, qui eut un grand succès : Les olives sont traitées, à l'aide d'une liqueur alcaline, à base de cendre de chêne vert, de sarments d'olivier et d'eau de chaux., qui neutralise les substances amères dues aux acides organiques. Il faut procéder ensuite à un lavage à l'eau pure pour entraîner les sels formés. Les olives sont enfin immergées dans un liquide chargé de sels marins ou saumure.

En Languedoc, la Lucques prioritairement, l'Amellau, et la Courniale accessoirement étaient préparées à la Picholine. Dans le canton de Gignac, d'après un mémoire de 1675, « *toutes les terres de marnes éocènes, comprises entre les garrigues et la plaine alluviale étaient complantées d'oliviers, de Verdale excellentes pour confire et pour donner beaucoup d'huile. On y confit des olives pour les principales villes du royaume et de l'étranger* », lit-on dans les mémoires de 1700 du Chevalier de Laurès.

Oliviers cultivés en terrasses, Saint-Jean-de-la-Blaquière

LES POTERIES DE SAINT-JEAN-DE-FOS

Bien qu'il soit difficile de dater, avec précision, l'apparition de la poterie à Saint-Jean-de-Fos, il semblerait que cette activité soit très ancienne, elle remonterait d'après certains vestiges archéologiques au début de notre ère.
L'abondance et la qualité de l'argile, d'une homogénéité et d'une finesse exceptionnelle, expliquent la naissance et le développement de cette industrie.

Coll. part.

L'argile était extraite de plusieurs gisements : « Las Paures » « Le Plantier » « Tras Mayous »… Elle était ensuite transportée vers l'atelier du potier sur des charretons ou à dos d'homme ou de femme. L'argile était exposée plusieurs jours à l'extérieur. Séchée, puis étalée, battue, émiettée, transformée en poussière. Déposée dans des bassins, elle était imprégnée d'eau, malaxée, broyée, afin d'obtenir une pâte moelleuse et onctueuse. Elle était ensuite séchée, puis découpée et prête pour le potier.

Les matériaux de construction : pavés, briques, tuiles rondes et chenaux étaient faits à l'aide de moules. Les pots, jarres, assiettes, jattes, orjoulets, toupies et cassoles étaient formés au tour. Après le séchage, le pot enduit d'engobe était recouvert d'un mélange de minerai de plomb et de colorant. La cuisson pouvait commencer dans le four chauffé aux « argellas » odorants.

tite jarre,
oll. part.

Les poteries confectionnées étaient vendues dans le canton, mais aussi bien au-delà, depuis Narbonne jusqu'à Marseille.

Dans les régions propices aux olivettes, une cave, le cellier à huile (clié, celleret d'oli), était spécialement destinée à contenir les jarres d'huile (douiro, gerra). La douire, récipient dans lequel on conservait l'huile, était un vase de terre à col étroit et à large ventre plat. Pour transporter l'huile les vases en terre étaient munis de deux rangs d'anses superposées dans lesquelles on passait une corde pour le suspendre au bât d'une bête de somme.

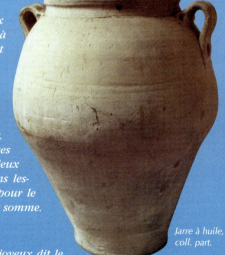

Jarre à huile, coll. part.

Marchand d'huile, marchand joyeux dit le proverbe : « Marchand d'oli, marchand joli ».

LA CONFISERIE D'OLIVES SELON COLUMELLE
Ier siècle après J.-C.

Les olives confites étaient appréciées des romains, elles faisaient partie de la « gustatio » du premier des trois services du dîner. Columelle, dans son ouvrage « De re rustica » note les préparations.

Recette pour confire les olives vertes
« Manières de confire les olives. Pendant la vendange, en septembre ou en octobre, meurtrissez l'olive posée*, cueillie encore acerbe ; pressez-la après l'avoir fait un peu macérer dans de l'eau chaude ; mettez-la dans des cruches, en y mêlant des graines de fenouil et de lentisque avec un peu de sel torréfié, et versez dessus du moût tout nouveau. Alors plongez dans le vase et placez sur les olives, de manière qu'elles soient plus comprimées et que le jus surnage, une botte de fenouil vert. Ainsi traitées, les olives sont bonnes à manger dès le troisième jour. »

Recettes pour confire les olives noires.
« Il faut jeter sur chaque modius d'olive trois hémines de gros sel, et les agiter dans des corbeilles d'osier, puis étendre sur elles une couche copieuse de sel de manière à les recouvrir entièrement. Dans cet état, on laisse resuer durant trente jours et évacuer entièrement leur lie. Alors on les verse dans un bassin ; et avec une éponge propre on enlève le sel jusqu'à ce qui n'en reste plus ; puis on les met dans un vase que l'on remplit de vin cuit jusqu'à réduction soit des deux tiers, soit de moitié, et sur lequel on étend un lit de fenouil sec pour comprimer les olives. Toutefois, le plus souvent, on mélange trois parties, soit de vin cuit jusqu'à réduction de moitié, soit de miel et une partie de vinaigre, et on les fait confire dans ce jus.

Certaines personnes, après avoir cueilli l'olive noire, la salent dans la proportion que nous avons indiquée ci-dessus, la déposent dans des paniers, en y entremêlant des graines de lentisques, de manière à faire des couches alternatives de fruit et de sel, jusqu'à ce que les paniers soient remplis. Au bout de quarante jours, quand les olives ont rendu tout ce qu'elles contenaient de lie, elles les versent dans un bassin ; elles les séparent au moyen du crible, des semences de lentisques ; elles les nettoient avec l'éponge, pour qu'il n'y reste pas de sel attaché ; alors elles les mettent dans une amphore, et versent dessus soit du vin cuit jusqu'à réduction des deux tiers ou de moitié, soit même du miel, si elles en ont une quantité suffisante, continuent l'opération comme à l'ordinaire ».

LA CONFISERIE GALTIER
Témoignage de Julienne Messin, fille du créateur

« La confiserie a été créée par mon père Marc Galtier vers 1900 environ. En 1922 c'était le plein essor, puis vint la guerre, nous fûmes réquisitionnés. La confiserie reprit après la guerre, mais l'année du gros gel, elle s'arrêta.

A Gignac il n'y avait pas assez d'olives, donc chaque confiseur avait un courtier, il donnait le prix, les producteurs étaient payés à la fin.

Les hommes pour le ramassage, partaient le matin vers Sallèles-du-Bosc ou Saint-Jean-de-la-Blaquière avec les chevaux et les charrettes. Ils étaient nourris à midi sur place. Le soir ils rentraient avec leur chargement, les olives bien rangées dans des corbeilles en osier tressé serré, entassées les unes sur les autres. Les producteurs du village venaient le soir après le travail apporter leurs olives.

Les olives étaient nettoyées par cinq ou six femmes, trois de chaque côté d'une planche en pente, sous la verrière pour avoir un bon éclairage. Elles étaient calibrées avec un appareil avec des trous que les ouvrières tenaient à la main. Les plus petites étaient données au personnel.

Après le lavage, les olives vertes sont mises dans des cuves. Le lessif préparé coule des canalisations qui vont directement sur les olives. Ce travail devait commencer impérativement le soir tard, car la désamérisation dure environ 12 heures. Les olives sont recouvertes, pendant cette opération, d'aspergières sur lesquelles est posée une pierre, bien propre, de la rivière Hérault pour que les fruits restent couverts de liquide. Le matin, les olives attendries passent au rinçage à grande eau. Elles sont prêtes pour la dernière étape, la conservation. La conservation se faisait dans des tonneaux de 50 kg, 40 kg, 20 kg, 10 kg et de jolis petits tonneaux de 5 kg pour les cadeaux. Là elles étaient recouvertes d'eau salée. Nous avions une clientèle renommée à Paris, Fauchon, Boymond et Quenault. »

1. Gignac, 7 novembre 1906, confiserie d'olives Lapeyre-Cellarier, coll. part.

L'industrie du confisage généra du travail à un grand nombre de tonneliers dans les centres importants de conditionnement des olives à Gignac, Montpeyroux, Saint-Jean-de-Fos. Ces olives saumurées étaient expédiées dans des barils de 10, 20, 50, 80 ou 100 kg. dans la France entière, l'Europe du Nord et en Russie.

2. Septembre 1930. Réunion de 15 confiseurs de Gignac et Saint-Jean-de-Fos, coll. part.

Chaque année les confiseurs se réunissaient en septembre pour établir les prix, 1930 est l'une des dernières années ou elle eut lieu. Sont présents sur la photo MM. Galtier, Heyl, Bénézech, Lhubac, Cellarier, Cayla, Delieuze, Vissec, Joullié.

Dans le canton de Gignac, à côté de la production d'huile pour la consommation locale, la confiserie d'olives prend un essor important au cours du XIXe siècle.

Dès 1834, on note lors de la délibération du Conseil d'arrondissement de Lodève que le commerce des olives confites du canton de Gignac *« donne lieu à des exportations importantes »*.

Selon Camille Saint-Pierre en 1865, Gignac produit : 5 000 à 6 000 quintaux d'olives confites, Montpeyroux : 3 000 à 3 500 quintaux, Aniane : 1 000 quintaux et Saint-Jean-de-Fos : 5 000 à 6 000 quintaux.

Gravure XIXe siècle, la presse à huile d'olives dans le midi de la France

A partir de 1850, alors que se développe la confiserie d'olives, le nombre des moulins à huile diminue. Le triangle Gignac - Aniane - Saint-Jean-de-Fos devient l'un des plus important producteur d'olives confites de l'Hérault. Les deux plus importantes confiseries à Saint-Jean-de-Fos sont : la confiserie Delieuze Alexandre crée en 1845 et la confiserie Joullié-Depierre crée en 1875.

Vers 1890-1900 se créent des confiseries modernisées, la préparation des olives confites subit quelques modifications, la soude caustique remplace les cendres et la chaux vive, la trémie métallique utilisée pour le calibrage des olives est remplacée par un calibreur manuel, plus tard actionné par l'énergie électrique.

L'annuaire de 1920-1921 de l'Hérault et des Vignobles du Midi mentionne 21 confiseries d'olives, dont 3 à Saint-Guilhem-le-Désert ; 1 à Puéchabon ; 7 à Saint-Jean-de-Fos ; 6 à Gignac ; 2 à Aniane.

Dans les années 1930, la confiserie reste active mais n'a plus toutefois l'importance de jadis. On compte à Gignac 5 confiseries qui traitent 2 000 à 2 500 quintaux d'olives par an. Les olives proviennent des communes environ-

nantes : Saint-André-de-Sangonis, Ceyras, Saint-Guiraud, Jonquières, Saint-Félix-de-Lodez, Saint-Guilhem, Nébian, Saint-Jean-de-la-Blaquière, Soubès, Lodève.
En 1956 le gel entraîne la fermeture des confiseries. Seule subsisteront, la confiserie coopérative de Saint-Jean-de-la-Blaquière traitant les olives de pays, créée en 1947, et la confiserie Delieuze, qui importera ses olives d'Algérie puis du Maroc. En 1964 elle quittera Saint-Jean-de-Fos pour s'installer à Sète, pour des facilités d'importation.

Les huileries depuis la fin du XIXe siècle

C'est entre 1873 et 1914 que s'amorce la régression des surfaces cultivées qui va se poursuivre malgré des périodes de reprises et des moments de stabilité. Elle débute avec le gel de 1870, la crise du phylloxera a entraîné une reprise temporaire mais, lorsque s'introduisent les plants américains, beaucoup retournent à la viticulture qui descend des coteaux pour s'installer dans la plaine. Sans arracher les oliviers on les néglige, d'autant que lentement le système de polyculture traditionnel, blé, vigne, oliviers, complété par le mouton, est battu en brèche par l'extension de la vigne et des cultures maraîchères. Le développement des voies de communication intérieures facilite la concurrence de toutes les matières grasses, beurre compris, en Languedoc même.

Meule de moulin à huile à traction animale, Saint-Félix-de-Lodez

Les moulins à huile de l'Hérault de 1824 à 1915.

Les moulins avaient une activité saisonnière, les trois mois d'hiver, et utilisaient surtout l'énergie animale.
Dans sa Statistique du Département de l'Hérault, en 1824, le baron H. Creuzé de Lesser, note la présence de 260 moulins à huile : 74 dans l'arrondissement de Montpellier ; 97 dans l'arrondissement de Béziers ; 56 dans l'arrondissement de Lodève et 33 dans celui de Saint-Pons.

6. Dossier 10R 353 1906-1915

En 1891, dans l'Annuaire de l'Hérault on dénombre 145 moulins et fabriques d'huile
53 dans l'arrondissement de Montpellier implantés dans 30 communes
59 dans l'arrondissement de Béziers   implantés dans 30 communes
11 dans l'arrondissement de Lodève   implantés dans 9 communes
22 dans l'arrondissement de Saint-Pons   implantés dans 14 communes

En 1915, d'après les Archives départementales de l'Hérault[6] on ne compte plus que 60 moulins à huile.
16 dans l'arrondissement de Montpellier implantés dans 12 communes
16 dans l'arrondissement de Béziers   implantés dans 10 communes
14 dans l'arrondissement de Lodève   implantés dans 9 communes
14 dans l'arrondissement de Saint-Pons   implantés dans 11 communes

On assiste à une diminution brutale du nombre des moulins ; Béziers et Montpellier perdent plus de la moitié de leurs moulins ; les arrondissements de Saint-Pons et de Lodève résistent mieux, celui de Lodève est même en progression. Disparaissant dans villes et villages du bas pays, les moulins à huile subsistent dans les bassins des Soubergues : Lodève, Clermont-l'Hérault, Aniane, Puéchabon, Olargues, Saint-Nazaire et la vallée de la Cesse.[7]

Ancienne meule de l'Huilerie coopérative de Clermont-l'Hérault

7. Les moulins de l'Hérault n° 6

Avec la révolution industrielle, le métal se répand et permet la construction de pressoirs de toutes tailles, la fabrique Coq à Aix-en-Provence s'en fait une spécialité. Les premières chaudières hydrauliques font leur apparition. Au début du XXe siècle les presses deviennent hydrauliques et des pompes les actionnent.

Comme les viticulteurs, les oléiculteurs ont pris conscience des menaces que leur apportent ces changements. Les Français amorcent la création de regroupements de producteurs méditerranéens qui ont abouti à celle du Comité Oléicole International.

Une huilerie coopérative est créée à Aniane en 1918, une autre à Clermont-l'Hérault en 1921. Elles sont les principales coopératives de l'Hérault, des liens les unissent dès leur début : Aniane ouvre ses portes à Clermont, au cours de la

CRÉATION DE L'HUILERIE COOPÉRATIVE DE CLERMONT-L'HÉRAULT

Ou comment l'idée en vint à Augustin Pagès.
Selon Donatien fils d'Augustin Pagès.

« *Pendant une permission, en 1917 Monsieur Pagès occupa son temps à cueillir des olives qui faute de main d'œuvre restaient sur les oliviers de la Ramasse. Et chaque jour on pouvait voir Augustin descendre par les sentiers du « cimetière des juifs » un sac d'olive sur le dos et regagner sa maison, supputant le nombre de litres de bonne huile qu'il pourrait laisser à sa famille, lui assurant ainsi une réserve de matière grasse.*
Monsieur Pagès allait en faire l'expérience, une quantité respectable d'olives cueillies, il alla les porter à un des deux moulins du pays et le soir, il y retourna, avec pas mal de récipients destinés à loger l'huile qu'il comptait avoir, hélas. Il en eut de reste, beaucoup de son huile resta en « enfer ». Le cœur ulcéré de se voir aussi bien mal payé de sa peine, Monsieur Pagès rentra chez lui. Dans les boues de l'Yser, dans les tranchées de Verdun, il rumina sa déconvenue et la grande tourmente finie, Pagès rentra chez lui, mais le souvenir du moulinier le poursuivait et on le vit vêtu de son costume noir des dimanches, son melon sur la tête, sa serviette sous le bras, faire le porte à porte, solliciter vingt francs ici, cinquante francs un peu plus loin et petit à

campagne 1920-1921 ; Clermont faisant de même en 1923-1924, les coopérateurs invités jouissant des mêmes droits.

L'huilerie coopérative d'Aniane

Les propriétaires d'oliviers d'Aniane, décident en février 1918 de créer une Huilerie coopérative, sur le modèle d'autres huileries existant déjà, dans le Languedoc, comme celle de Nîmes, de Claret ou de Cotignac. Les presses modernes sont achetées à la maison Lobin et Druge.
En 1947 le moulin est rénové, équipé de meules et de presses de la Maison Coq. En 1955 l'installation est améliorée par une centrifugeuse du type Scharples, déjà utilisée par les coopérateurs de Sommières et de Bize.
L'huilerie comptait 184 coopérateurs en 1918, 630 en 1933, 2 000 venus de 24 communes dans un cercle d'une quinzaine de kilomètres de rayon, en 1956. L'huilerie ferma ses portes peu après les grands froids de la même année.

L'huilerie coopérative de Clermont-l'Hérault

Fondée en 1921 par Augustin Pagès qui, déçu par le peu d'huile que lui rapportaient ses olives, décida avec l'aide d'autres propriétaires d'oliviers, de mettre sur pied une huilerie coopérative moderne.
L'huilerie était équipée de machines modernes, un moteur petit il amassa le capital nécessaire à la création de l'huilerie.
Et l'hiver 1920-1921 vit un moulin coopératif à la disposition des oléiculteurs. L'huile coulait des machines, modernes pour l'époque, ce n'était plus un âne ou un mulet qui tournait la meule, mais un moteur, ce n'était plus une presse hydraulique à colonnes, l'huile n'allait plus en « enfer » où elle était séparée par une palette, c'était une machine « centrifugeuse Hignette ». Cette année là, on traita au moullin 173 000 kg d'olives et on distribua 17 litres pour 100 kg de fruits. Ce fut un succès pour Monsieur Pagès fier de distribuer une huile claire, sans eau, sans crasse et en quantité respectable. Et comme toute histoire a une fin, la voici : le hasard voulu que Pagès passe devant le moulin ou le moulinier objet de ses ressentiments était assis devant la porte les bras croisés attendant la clientèle.
Alors Pagès goguenard l'interpella : « Ebé ? de qué ne dises ? »
Le moulinier lui répondit : « As gagna, per t'estre vengeat te sios pla vengeat » (Tu as gagné, pour t'être vengé tu t'es bien vengé). »

Les Moulins de l'Hérault n° 6 pp. 88-91

Enseigne peinte, coll. Huilerie coopérative de Clermont-l'Hérault

avait remplacé l'âne ou le mulet, les presses hydrauliques à colonnes avaient remplacé la presse à montant de bois, l'huile n'allait plus aux « enfers », elle était séparée de l'eau grâce à une « centrifugeuse Hignette ».
Clermont prend l'avantage sur Aniane dès sa première campagne en ayant une production beaucoup plus importante. Lorsque Aniane traite à l'année en moyenne 161 000 kg d'olives, Clermont en traite 419 000 kg. Cependant Aniane a un meilleur rendement, en production d'huile par kg d'olives, 20,91 % pour Aniane contre 16,99 % pour Clermont. Certains producteurs de Ceyras proche de Clermont n'hésitent pas à apporter leurs olives à Aniane.

De 1914 à 1939 la régression de la production s'accentue, malgré les mesures prises par les autorités (primes à la plantation, interdictions d'arracher).
En fait, il s'agit d'une lente dégénérescence, on abandonne certains vergers, mais d'importantes olivettes se maintiennent. L'olivier garde encore une place importante, dans le paysage dans l'agriculture familiale. De nombreuses communes du Languedoc ont encore leur moulin.
La Seconde guerre mondiale redonne à l'oléiculture une importance économique imprévue. On manque de matières grasses, l'huile d'olive locale est à nouveau recherchée.
En 1940 on compte dans le Languedoc, 54 moulins à huile en activité dont 6 coopératifs. En 1942 on en compte 12 dans l'Hérault. La Fédération Métropolitaine des Mouliniers de l'Hérault a été créée en 1942, son siège est fixé à Saint-Jean-de-Fos.
Dans les années 40-50 la cueillette des olives comme fruit de table est la seule cueillette économiquement intéressante, et les exploitants s'orientent de plus en plus vers cette production, particulièrement celle de la Picholine. Les cours s'effondrent de nouveau en 1949, à cause d'une importante récolte tunisienne, les producteurs se trouvent en difficulté.
A la veille du grand gel de 1956 la situation est inquiétante. L'urbanisation s'accentuant, les villages de l'intérieur continuent à se vider. L'olivier maintient péniblement une certaine population, sa culture n'est pas rentable, dans beaucoup de régions, la logique économique conduit à la fois à l'abandon de l'olivier et du village.

Le gel de 1956

Si le gel de 1956 est considéré comme un tournant alors qu'il succède à de nombreux autres gels, c'est que les conditions économiques étaient véritablement différentes et que l'on hésitait à investir dans les oliveraies. Les autres huiles végétales concurrencent fortement l'huile d'olive. Le découragement envahit les producteurs et de nombreuses oliveraies sont abandonnées.

En 1956 il existait dans l'Hérault 7 coopératives : Aniane, Clermont-l'Hérault, Claret, Lodève, Pignan, Roquebrun, Saint-Chinian. Toutes ferment leurs portes à l'exception de Clermont-l'Hérault.

En 40 ans l'oliveraie du département de l'Hérault a perdu plus de 80 % de sa superficie ; les recensements agricoles l'attestent :

1950 : 3 300 hectares	1970 : 2400 hectares
1956 : 3200 hectares	1979 : 1380 hectares
1960 : 2700 hectares	1988 : 621 hectares

A partir de 1958, une campagne de relance de la Picholine est lancée pour quatre ans. Entre 1960 et 1970 les marchés aux olives sont rouverts et les coopératives de confiserie remises en fonctionnement. 1966 est la première étape de l'attribution d'aides communautaires, à la production individuelle d'huile d'olive. Tout espoir n'est pas perdu, une timide renaissance semble s'amorcer.

FABRICATION DE L'HUILE D'OLIVE
PENDANT LA GUERRE 1939-1945
propos recueillis auprès d'un oléiculteur de Cazouls-les-Béziers

« *Sous l'occupation allemande, les habitants du village ont décidé de faire eux-mêmes leur huile.*
Le soir à la veillée les hommes se réunissaient pour écraser les olives à l'aide de « dames », sortes de masses rondes et plates dont on se servait autrefois sur les routes pour casser les cailloux. Une fois écrasées, les olives étaient mises dans des sacs de jute, qu'avaient confectionnés les femmes du village. Ces sacs empilés sur un pressoir à vin étaient pressés et arrosés de temps en temps avec l'eau chaude. Le liquide obtenu était récupéré dans des comportes. L'huile plus légère que l'eau montait à la surface et était récupérée à l'aide d'un couvercle à bord mince. On appelait cette opération « lever l'huile ». L'huile était ensuite récupérée dans des bonbonnes en verre ou dans des jarres ; n'étant pas filtrée, le dépôt restant était utilisé pour faire du savon, en le mélangeant avec de la soude. Ce mélange était chauffé afin que l'eau s'évapore, la pâte obtenue était verdâtre et épaisse. Façonnée en forme de pain de savon, elle séchait au soleil. Ce savon assez décapant était utilisé pour la lessive et la toilette. Cette huile était faite à partir d'olives à huile : les Verdales, 100 kg d'olives donnaient 20 litres d'huile. »

Coll. Huilerie coopérative

Puéchabon, moulin à huile dit moulin Laval créé en 1827

L'oléiculture dans le département de l'Hérault.

1. Caractéristiques géoclimatiques

Méditerranéen, sur la plus grande partie du département, le climat varie de la zone littorale à la zone montagneuse, en passant par une zone intermédiaire de plaine et de coteaux peu élevés. L'altitude de la zone oléicole varie entre 10 et 300 mètres.

La pluviométrie augmente lorsqu'on se déplace de la zone littorale vers les zones montagneuses. Dans le secteur de culture de l'olivier, la moyenne annuelle des précipitations se situe aux alentours de 800 mm pour 105 jours de pluie (650 à 1 000 mm). La répartition en est très irrégulière.

Les températures subissent des variations importantes, surtout au cours des mois de décembre, janvier et février. La durée moyenne d'insolation est de l'ordre de 2 740 heures par an.

Les vents les plus fréquents sont les vents du Nord, viennent ensuite par ordre de fréquence les vents du secteur Ouest, puis ceux du secteur Est, et enfin les vents du secteur Sud.

Vents secs
Mistral	de direction	Nord - Nord-Ouest
Tramontane	de direction	Nord
Terral	de direction	Nord-Ouest
Grec	de direction	Est - Nord-Est

Vents humides
Narbonnais	de direction	Ouest - Sud-Ouest
Levant	de direction	Est
Autan	de direction	Est - Sud-Est
Marin	de direction	Sud et Sud-Est

Vents variables
Au cours des belles journées, la brise marine se fait sentir jusqu'à vingt ou vingt-cinq kilomètres de la zone littorale. La nuit souffle la brise de terre.

Les sols
L'extrême diversité des âges géologiques des terrains, induit une grande variété dans leur constitution et leurs valeurs agricoles. On rencontre l'olivier dans les types de sols suivants :

Chapitre 2

- Soubergues : plateaux primaires bien exposés des versants Sud des monts Pardailhan (région de Faugères et Cabrières).
- Plateaux et éboulis calcaires exposés au midi de la région de Saint-Chinian à l'Ouest, et des Matelles-Castries à l'Est.
- Garrigues : sols calcaires fissurés, particulièrement favorables à l'olivier.
- Alluvions cailouteux et calcaire marneux de la vallée de l'Hérault.
- Plaine viticole : sols de miocène et pliocène aux riches alluvions.
- Minervois : sols argileux calcaires, assez pauvres en chaux.

Une jeune olivette à Clermont-l'Hérault

2. Situation du verger oléicole et son évolution.

En dehors du causse du Larzac, du plateau du Sommail et de l'Espinouse, la zone oléicole s'étend sur l'ensemble du département. En effet, deux tiers des communes ont des oliviers sur leur territoire, soit 226 sur un total de 342.
Avant la Seconde guerre mondiale on décomptait environ 640 000 oliviers sur le département, depuis le gel de 1956 ce chiffre a très nettement diminué, on compte aujourd'hui, répartis sur 5 352 parcelles, 193 438 oliviers.
La répartition s'établit de la façon suivante :
   29 389 ne sont pas entretenus
   44 463 sont entretenus et irrigués
 119 586 sont entretenus et conduits à sec (voir tableau répartition des oliviers p. 46)

3. Variétés cultivées

Avant 1939 le verger oléicole de l'Hérault, comme de l'ensemble du Languedoc Roussillon, était orienté à près de 80 % vers la production d'olives à huile, aujourd'hui ces proportions sont pratiquement inversées, 30 % seulement des oliviers cultivés, sont des variétés essentiellement à huile.

Olives de table

La Picholine est la variété dominante de la zone oléicole. Probablement originaire de Collias (Gard), elle est la principale variété française d'olive verte, elle présente une grande souplesse d'adaptation, qui a permis son extension dans toute la zone du Languedoc Roussillon.
La Lucques est plus particulièrement implantée dans la région d'Aniane, Saint-Jean-de-Fos, Saint-Jean-de-la-Blaquière.
La Verdale de l'Hérault, était comme son nom l'indique, avant 1939, la variété dominante du département et elle y était autrefois à la base de la confiserie en vert.
La Sigoise originaire de la région d'Oran, est très répandue en Algérie et au Maroc, mais s'accommode des terrains les plus divers.
L'Ascolana Tenera est originaire de la province d'Ascoli Piceno, en Italie. Sa récolte en vert s'effectue de septembre à début octobre. L'arbre est productif, résistant au froid et au cycloconium.
L'Amellau : répandue dans l'Hérault, elle est présente aussi dans le Gard sa chair est abondante, ferme, adhérente au noyau. Mure en décembre, elle est cueillie en vert début novembre, se confit le plus souvent en noir.
La Sévillano, est originaire de la province de Séville (Espagne)... Sa chair est dure, peu savoureuse, adhérente

au noyau. Se récolte en vert en septembre-octobre.
D'autres variétés sont cultivées : la Leccio, la Belle d'Espagne, la Négrette, la Boutellau…

Olives d'huilerie

Le nombre des variétés d'huilerie est très important, les variétés à confiserie déjà citées peuvent toutes être utilisées pour la fabrication d'huile avec plus ou moins de succès, si la Picholine, la Lucques et la Verdale ont un bon rendement, la Sévillane et l'Amellau ne sont pas riches en huile. La Négrette qui est un fruit petit, donne une huile jaune clair, douce, au goût très délicat, elle est d'un très bon rendement. La Menudau est très petite, elle a le meilleur rendement en huile, elle donne 22 litres d'huile pour 100 kg d'olives, le rendement moyen étant de 15/17 litres pour 100 kg.
Il existe en outre d'anciennes variétés encore cultivées, telles la Corniale, la Rougette, la Redonale, la Mourale, la Pigale et d'autres encore souvent impossibles à nommer.

4. Transformation et commercialisation.

a. La confiserie d'olives

La qualité d'une olive de table dépendra de son aspect et de sa grosseur mais aussi de ses qualités technologiques et gustatives. Les critères de qualité retenus concernent : le pourcentage de pulpe (75 % au moins) la finesse, la saveur, le craquant et la fermeté de la chair, sa facilité à se détacher du noyau, la résistance de l'olive aux préparations (manipulations et trempage dans la lessive de soude).

Dès la cueillette l'olive destinée à la confiserie, fait l'objet de soins particuliers.
On ne récolte que les olives répondant aux calibres de commercialisation. Elles sont cueillies à la main, une à une, en évitant de les marquer. On choisit les plus belles, laissant les autres pour l'huile. Elles sont déposées dans des cagettes, à arêtes arrondies et ne doivent en aucun cas être transvasées d'un récipient à un autre.
A la confiserie, elles sont calibrées et triées. Elles sont ensuite effeuillées, équeutées, puis stockées avant la préparation. Selon la destination de l'olive, confiserie en noir ou en vert, le processus de préparation diffère.
L'olive verte doit être désamérisée par solution alcaline (NaOH) rincée dans une eau de préférence riche en calcium, mise en saumure (NaCl) avec adjonction parfois de plantes aromatiques (thym, ail, fenouil, laurier…). L'opération la plus délicate étant la conservation du produit, car les olives vertes françaises se préparent sans

*Ceuillette des olives à Saint-Jean-de-Fos
par Madame Capelli*

*LA CUEILLETTE DES OLIVES,
ENTRE TRADITION ET MODERNITÉ.*

Il faut que l'olivier ait pris de l'âge pour être dans toute sa force productive, conseille le dicton languedocien : « Oulivié de toun grand, castagné de toun pàire, amourié qu'as plantat » (Olivier de ton grand père, châtaignier de ton père, mûrier que tu as planté). Dès que l'olivier est en fleurs -l'oulivié es enrasina-, on surveille anxieusement la formation de l'olive et la récolte qui s'annonce. Les jeunes filles invoquent la Sainte Vierge, afin que les oliviers tiennent encore plus qu'ils ne promettent : « O Sànta Maria, que lous ouliviés téngon mài encàro que sous anounciés! ». Le ramassage des olives était jadis réservé aux femmes, aidées parfois des enfants ; on interdisait aux femmes de moins de quarante ans de monter dans les oliviers, car croyait-on cela rendait les arbres stériles. Au XVIIIe siècle il était interdit aux bergers de mener leurs troupeaux dans les « estaques » les nouvelles plantations d'oliviers et dans les vergers d'oliviers de septembre à la cueillette des olives. Il était en outre interdit de cueillir les olives, dimanche et jours fériés, comme de faire tout autre travail.

L'olive est un fruit tardif, un fruit d'hiver, plusieurs dictons se rapportent au degré de maturité qu'elle doit atteindre, ni trop, ni pas assez, pour être bonne à cueillir : « A la Toussant, l'oulivo à la man », (A la Toussant, l'olive à la main), « A Sànto-Catarino, l'oli es dins l'oulivo », (A la Sainte-Catherine, l'huile est dans l'olive). « A Sant-Andriéu, la pergo sus l'ouliéu » (A la Saint-André, la gaule sur l'olivier). On cueille les olives vertes entre le premier septembre et l'apparition des gelées, et les olives noires de décembre à la fin janvier. Les olives pour la confiserie sont déposées soigneusement dans des corbeilles, alors que celles qui sont destinées au moulin ne nécessitent pas de soins spéciaux. Avant de procéder à la cueillette, jadis, on étendait à terre des étoffes de toiles ou des draps appelés « bourrenques » sur lesquels on laissait tomber les olives que les cueilleurs juchés sur des échelles détachaient à la main, les olives qui ne pouvaient être atteintes autrement étaient détachées avec gaules -pègos, acanadouiros- et des crocs en bois -càis- qui tapaient et agrippaient les rameaux; des chansons -lis cansons d'oulivarellos- rythmant la cueillette. Avant de les mettre en tas les olives étaient nettoyées de tous les

déchets appelés « ganels » qui les accompagnaient. Lorsque le vent soufflait on vannait les olives; un des cueilleurs montait sur une échelle, laissait couler peu à peu sur la toile les olives, le vent emportait feuilles et débris divers. Les olives ramenées étaient déposées sur un pan incliné et à nouveau nettoyées par les domestiques ou toute la famille, certains laissaient quelques feuilles dites « melettes » parmi les olives pour donner un peu d'amertume à leur huile. Les olives conservées en tas dans un endroit frais et aéré exposé au nord, avant d'être conduites au moulin devaient être régulièrement remuées avec une pelle en bois.

Jadis, pendant ou après la récolte des olives, on exécutait rituellement la célèbre danse des olivettes, -lis Oulivètos.

Un repas qui réconfortait et remerciait ceux qui étaient venus aider, clôturait ces moments d'effort et de travail. On servait le plus souvent, un aioli à l'huile nouvelle et au dessert, des fougasses trempées dans le vin cuit, ou le carthagène.

La récolte des olives a toujours été un labeur fastidieux, long et coûteux, c'est pourquoi depuis une trentaine d'années de nombreuses tentatives sont faites pour mécaniser ce travail. L'utilisation de filets en plastique étendus sur le sol a déjà permis une économie certaine. La mécanisation au sens précis ne peut s'appliquer pour l'instant qu'aux olives à huile ; les olives de table sont de préférence cueillies à la main afin de récolter les meilleurs fruits, de plus les vertes chutent très mal. Lorsque le verger a été spécialement conçu, c'est-à-dire lorsque l'écartement des arbres le permet, secoueurs, vibreurs et aspirateurs sont utilisés. Le coût de l'investissement étant très élevé, il faut adapter l'oliveraie à la machine et organiser des chantiers de récolte en louant des machines etc. Cette méthode ne peut être utilisée que dans les plantations récentes ou rénovées en plaine et n'apporte peut-être pas les solutions au problème en rendant le verger trop dépendant de la machine et de son coût.

fermentation ; on peut y ajouter des produits antiseptiques autorisés, ou les conserver en chambres froides.
L'olive noire n'est pas désamérisée, son degré de maturité ne justifiant pas cette opération. Elle est plongée dans de la saumure pendant deux à quatre mois selon la variété. L'olive ainsi conservée peut être consommée pendant un an ou deux. (Voir p. 36-37 : préparation des olives vertes ou noires)

- Les olives de table

On dénombre aujourd'hui 6 confiseurs privés traitant des olives de pays et une coopérative de confiserie
1 à Aniane : Les établissements Salles Frères
1 à Clapiers : La Société Ducros
1 à Frontignan : La Confiserie du Littoral
1 à Gignac : Les établissements Maury Francis
1 à Saint-Jean-de-Fos : Les établissements Villaret Armand
1 à Saint-Jean-de-la-Blaquière : La Société Lucques d'oc
1 coopérative de confiserie à Saint-Jean-de-la-Blaquière.
Les olives de variété Picholine récoltées à l'est du département sont traitées et commercialisées en majeure partie par les établissements Brunel à Nîmes et la confiserie Salles Frères.

Si les tonnages « d'olive de table de pays », Picholine, Lucques et Verdale, malgré leur progression constante restent encore faibles, l'Hérault est cependant le premier département français de conditionnement et de commercialisation d'olives de table, par suite de la reconversion de ses principaux confiseurs conditionneurs qui s'approvisionnent en olives d'importation.

La confiserie Salles à Aniane

Créée en 1920 par Étienne Salles, elle demeure aujourd'hui une entreprise familiale. Elle se situe à la troisième place au niveau national. La production est commercialisée dans la plupart des chaînes de grande distribution, sur la France entière mais aussi à l'étranger, en Europe du Nord et de l'Est essentiellement.
La confiserie traite les Lucques et les Picholines de la région, elle importe d'Espagne les olives Hogiblanca, les olives Beldi arrivent du Maroc traitées en containers, par « Top Agro Export » à Marrakech. Les olives de pays sont conservées dans la saumure. Les olives vertes et noires d'importation sont confites entières, dénoyautées ou farcies. La pasteurisation se fait au cœur du récipient, à 85°

pour les semi-conserves, la stérilisation à 100° pour les conserves. La conservation se fait aussi sous vide dans des barquettes en plastique.

La confiserie coopérative de Saint-Jean-de-la-Blaquière

Elle a été fondée en 1947, et regroupait à cette époque 90 oléiculteurs. Bien équipée, avec une capacité de stockage de 80 tonnes, elle donnait entière satisfaction à ses adhérents, soutenant et même revalorisant par son activité, l'olive Lucques pendant les années qui ont précédé le gel de 1956. Elle préparait et commercialisait une moyenne de 20 tonnes d'olives par an de variété Lucques principalement, Verdale et Amellau accessoirement. Fermée à la suite du gel de 1956, elle a recommencé à fonctionner en 1963.

Aujourd'hui la coopérative compte 275 coopérateurs venus de quatre départements : Aude, Pyrénées-Orientales, Gard et Hérault, sa production totale annuelle s'élève à 100 tonnes environ.

La Lucques est confite en vert ou en noir, l'Amellau est confite en vert, la Picholine en vert.

Les olives sont lavées, calibrées, désamérisées, trempées 12 heures dans une solution de lessive de soude, rincées, elles macèrent ensuite dans la saumure. Elles peuvent être aussi parfumées à l'anchois, au fenouil, à l'ail et au thym, ou à l'escabèche. La production est commercialisée en grande surface ou dans les petits commerces dans le bassin méditerranéen et la région parisienne, une faible partie (5 %) est expédiée à l'étranger.

Il existe aussi quelques petites confiseries artisanales, ainsi la confiserie Rodriguez à Lézignan-la-Cèbe qui a mis au point une nouvelle technique de conservation des olives, Lucques et Picholines, dans le but de maintenir le goût du fruit et de prévenir le départ d'une fermentation lactique. Solution simple, pratique, n'entraînant pas un surcoût trop élevé du produit fini. Au moment du conditionnement les olives installées en seaux de différentes capacités sont additionnées

RECETTES DE CONFISERIE D'OLIVES

Olives vertes - méthode de la confiserie coopérative de Saint-Jean-de-la-Blaquière

Trempage des olives
Trempage des olives dans un lessif de soude à 1/15 pour les picholines et 1/18 pour les Lucques, soit :
- 1 l de soude pour 14 l d'eau pour les Picholines.
- 1 l de soude pour 17 l d'eau pour les Lucques.

(soude du commerce à 36° Beaumé)
La soude ne doit pas atteindre le noyau. S'arrêter à 1/2 mm du noyau, 10/12 heures de trempage pour les picholines, moins pour les Lucques (vérifier fréquemment par une coupe de l'olive).

Nettoyage à l'eau
Changez l'eau 3 fois par jour pendant 2 jours, puis 2 fois par jour pendant 6 jours. Évitez le plus possible le contact des olives avec l'air.

Salure
Il faut habituer l'olive au sel.
- Préparer une solution de sel à 30 gr par litre d'eau, y laisser tremper les olives pendant 2 jours
- Augmentez cette saumure en ajoutant 20 gr de sel par litre d'eau, laisser tremper pendant 6 jours
- Augmentez à nouveau la saumure de 20 gr par litre d'eau et laisser macérer les olives jusqu'à leur consommation

Évitez le contact des olives avec l'air, en plaçant sur les olives un chapeau flottant lesté.
Pour parfumer les olives, préparez une solution de 80 à 100 gr de sel par litre d'eau faites bouillir cette saumure avec des plantes aromatiques (laurier thym fenouil…) laissez refroidir complètement avant de verser sur les olives.

Conservation de la saumure
A l'abri de l'air si possible. Renouvelez la saumure en fin d'hiver, début printemps (avril-mai)

Olives noires - méthode de la confiserie coopérative de Saint-Jean-de-la-Blaquière

Préparation au sel
Les fruits cueillis bien mûrs, sont lavés, placés dans un panier et mélangés à 10-15 % de leur poids de gros sel et ensuite posés sur des madriers, de façon à laisser le jus amer s'évacuer facilement. Il faut brasser les olives tous les jours. Cette préparation n'est valable que pour les variétés à peau fine. La désamérisation achevée placez les fruits dans des bocaux.

Piquées au sel
Même préparation que ci-dessus, en piquant la peau de chaque olive de nombreux trous, à l'aide d'un bouchon garni d'éguilles.

Préparation au sel et à la saumure
Les fruits cueillis bien mûrs, sont lavés et placés dans un baril rempli de saumure à 10 % de sel. Après 3 jours de macération, les olives sont retirées, égouttées et mises en petites corbeilles, à l'abri pendant 3 ou 4 jours, en les brassant régulièrement et souvent, pour leur permettre d'acquérir de la couleur. Mettre ensuite en bocaux, en ajoutant une saumure à 4 % de sel.

Préparation à la lessive alcaline
Les olives cueillies mûres sont trempées dans une solution de soude caustique ou de potassium à 1,5 % pendant 5 à 6 heures, puis rincées à grande eau et exposées à l'air en corbeilles pendant 3 à 4 jours en les brassant régulièrement. Il est parfois nécessaire de renouveler l'opération pendant 2 jours. On les conserve ensuite dans des bocaux dans une saumure à 6 ou 7 %.

Préparations familiales

Olives vertes à l'eau
Faites tremper les olives vertes dans de l'eau pure, changez l'eau quotidiennement pendant 10 à 15 jours. Les olives ayant perdu la plus grande partie de leur amertume, sont mises dans une saumure légère à 30 grammes de sel par litre, qui est renforcée peu à peu jusqu'à 50 grammes.
Les olives gardent ainsi un goût de fruit tout en restant amères.

Conserves d'olives noires, recette de Gignac
Dans un fût en bois (le bois permet à l'eau de s'écouler) rangez alternativement une couche d'olives noires, une couche de sel, fermez, remuez de temps en temps le fût, trois mois après les olives peuvent être consommées. Mettez la quantité à utiliser dans de l'huile d'olive, pendant deux ou trois jours.

Les olives cassées
Cette préparation se fait avec les Verdales et les Picholines vertes.
Dénoyautez les olives à l'aide d'un dénoyauteur ou écrasez-les à l'aide d'une petite masse. Mettez les olives dans un récipient avec de l'eau. Laissez-les macérer pendant quinze jours. Lavez ensuite les olives à grande eau. Mettez les olives dans une nouvelle eau salée (70 grammes par litre d'eau) aromatisée au fenouil. Les olives pourront être consommées dans un mois environ.

Olives séchées
Certaines variétés d'olives deviennent douces en mûrissant. Il n'est donc pas besoin de leur faire rendre leur suc pour en ôter l'amertume. Ramassées à maturité elles sont séchées au soleil, sur des claies ou dans des paniers. On les conserve ensuite dans des bouteilles, dans des jarres ou dans des paniers, dans un endroit aéré.

de la saumure de conservation. Le seau est recouvert, au moyen d'une machine appropriée, d'un film thermo-soudé. L'idée développée par M. Rodriguez a consisté à installer sur ce film une soupape, elle aussi thermo-soudée, qui assure la libération des gaz et évite ainsi toute présence d'air à l'intérieur du contenant. Le procédé a été breveté, il permet de conserver les olives pendant un an sans en altérer les qualités gustatives.

Les huileries ont aussi une petite activité de confiserie : le moulin de la Garrigue à Saint-André-de-Sangonis prépare les Lucques en vert, et le tout nouveau moulin du Mas-de-Fourques à Combaillaux, confit en vert les Lucques et les Picholines.
Les oléiculteurs préparent de manière artisanale des confiseries vendues à la propriété ou au cours des foires et des marchés. Les oléiculteurs de Saint-Jean-de-Fos préparent des Picholines vertes, entières ou cassées, parfumées au thym, à utiliser dans la préparation des ragoûts, qui sont d'une grande qualité gustative.

b. L'huilerie

Le nombre des installations destinées à traiter les olives d'huilerie, a très sensiblement diminué, marquant jusqu'aux années 1980, l'abandon progressif de cette production oléicole.

Une modernisation réussie : l'huilerie coopérative de Clermont-l'Hérault

Avant le gel de 1956, 7 huileries coopératives et 5 moulins privés trituraient la récolte du département. Toutes fermèrent l'année du gel. Seule la coopérative oléicole de Clermont-l'Hérault rouvrit ses portes l'année suivante et permit à la culture de l'olivier de se maintenir en centre Hérault. Elle regroupe depuis 1958 toutes les anciennes coopératives Lodève, Pignan, Aniane, Roquebrun, Saint-Chinian, Claret. Depuis 1987, l'huilerie coopérative a créé la sarl Oli d'Oc chargée de commercialiser ses huiles. Toujours à la recherche des équipements les plus performants, la coopérative s'est dotée depuis 1985 d'un matériel d'extraction qui lui permet de produire une huile d'olive, dont la qualité exceptionnelle a été maintes fois soulignée par des distinctions nationales et régionales, et des huiles de variétés Clermontaise, Olivière, Verdale, Picholine...

Tradition et modernité : Le moulin de la Garrigue à Saint-André-de-Sangonis

Crée en 1986, le moulin triture 80 à 100 tonnes d'olives par campagne. Les apporteurs viennent principalement de l'Hérault (Saint-Jean-de-Fos, Saint-Guilhem-le-Désert, Ganges, Montpellier, Sète...) mais aussi de l'Aude et du Gard. Les quantités d'olives apportées varient entre 5 kg et 5 tonnes environ. A partir de 250 kg d'olives le travail se fait à façon, si l'apporteur le désire, il peut ainsi obtenir l'huile de ses olives.

Les principales variétés d'olives arrivant au moulin sont la Lucques, la Verdale de l'Hérault, la Picholine, et en proportion moindre la Bouteillan, le Cailletier, l'Amelau, l'Olivière, l'Aglandau.

Le moulin est équipé d'un matériel traditionnel et depuis la campagne 1997/98 d'une chaîne à système continue de marque Alpha-Laval. Les clients choisissent le système qu'ils préfèrent.

Un nouveau venu : le moulin du Mas de Fourques à Combaillaux

De 1993 à 1997, un jeune agriculteur Pierre Vialla, remet en état une propriété familiale de 17 hectares plantée d'oliviers. En 1997, il y fait construire un moulin, constitué par une petite centrifugeuse. Aujourd'hui, il produit de l'huile à partir de ses olives, mais envisage dans un futur proche de traiter celles d'autres oléiculteurs. Son verger est composé d'un tiers de Picholine, d'un tiers de Lucques, de Verdale et d'autres variétés anciennes pollinisatrices. Il n'obtient pour l'instant, de ses olives qu'une seule qualité d'huile, mais envisage de produire des huiles de variétés.

La coopérative oléicole de Pignan, les producteurs d'olive de Saint-Jean-de-Fos : des huiles de terroirs

La coopérative oléicole de Pignan, crée en 1938, triturait les olives de ses coopérateurs jusqu'au gel de 1956 ; aujourd'hui son activité est limitée au ramassage des olives. Les 400 coopérateurs viennent des communes environnantes dans un rayon de 20 km environ (Montbazin, Poussan, Montarnaud, Saint-Paul, Montferrier-sur-Lez...), la récolte de la campagne 1997/98 s'est élevée à 67 tonnes. Les principales variétés d'olives sont la

Rougette, la Bouteillan et la Picholine. Les olives sont triturées par l'huilerie de Clermont-l'Hérault, l'huile de variété Rougette de Pignan a obtenu le prix des Toques au dernier concours oléicole régional.

Cette année pour la première fois, le groupement des 15 producteurs d'olives de Saint-Jean-de-Fos, réunis en association, produisant 50 à 100 kg d'olives chacun (Verdale, Picholine, Lucques essentiellement) ont mis leur production en commun et l'ont apporté au moulin de la Garrigue de Saint-André-de-Sangonis, afin d'obtenir une huile de terroir. Les olives proviennent en priorité de Saint-Jean-de-Fos, mais ce terroir pourra s'élargir aux communes limitrophes : Aniane, Puéchabon, Saint-Guilhem…

Les oléiculteurs en limite du département apportent leurs olives dans l'Aude ou dans le Gard.
Dans le Lunellois, les olives sont apportées à la coopérative de Villevieille à Sommières dans le Gard. Cette coopérative oléicole a été créée en 1929 et porte le nom de la coopérative oléicole de Sommières, bien qu'elle se situe sur la commune de Villevieille. A l'époque de sa création, il fallait qu'une coopérative soit rattachée à une gare, ou un port pour l'enlèvement des marchandises. Aujourd'hui, l'huilerie compte 600 apporteurs, pour la campagne 1996/97, 430 tonnes d'olives triturées ont donné 68 000 litres d'huile. La coopérative offre à sa clientèle deux sortes d'huile, l'huile de variété Négrette, jaune clair au goût très doux et l'huile de Picholine à la couleur vert foncé et au goût plus soutenu.

Dans la vallée de la Buèges les olives sont apportées à la coopérative de Clermont-l'Hérault, au moulin de la Garrigue ou à l'huilerie artisanale J. et B. Soulas, à Collorgues dans le Gard. Le moulin Soulas a été créé en 1932 à partir d'un vieux moulin à Aubussargues ; en 1953, Edouard Soulas aidé de ses deux fils construit un moulin moderne à Collorgues. En 1972 les fils prennent la succession de leur père, remplacent l'ancienne installation par une chaîne continue, qui sera elle-même remplacée par une autre chaîne continue plus performante en 1985. Le moulin produit une huile ardente et fruitée, les principales variétés d'olives triturées sont la Picholine, la Verdale, la Sigoise, la Lucques et quelques anciennes variétés.

Les oléiculteurs du Minervois (Cesseras, La Vivière, Mailhac, Olonzac…) apportent leur récolte d'olives à la coopérative l'Oulibo de Bize-Minervois dans l'Aude. La coopérative créée en 1942 a fonctionné jusqu'en 1956. L'activité a repris faiblement de 1962 à 1965, en 1970 seules les olives de table sont récoltées. Depuis 1995 le moulin modernisé, centrifugeuse en continu, fonctionne à nouveau de novembre à janvier, environ 45 jours par an. Les olives Lucques et Picholine prédominent, d'autres variétés sont collectées : la Bouteillan et l'Amellau et quelques variétés anciennes. Pour faire l'huile les olives noires sont « tournantes » stockées au moulin quatre jours, elles s'échauffent un peu pour donner davantage d'huile.

La majeure partie de la production d'huile d'olive est commercialisée par l'intermédiaire des coopératives ou des moulins, ou sur les foires et les marchés mais ne dépasse pas le périmètre du département où elle ne suffit pas toujours à la demande. Parfois même la quasi-totalité de l'huile obtenue est consommée par le producteur et sa famille ou vendue à la propriété dans un cercle de clients amis.

Moulin de Millas, P.-O.
1 et 2. Broyage des olives
3. Scourtins garnis de la pâte d'olives broyées et empilés avant pressurage
4. Pressurage des olives
5. Filtration de l'huile obtenue après pressurage
6. Conditionnement de l'huile

Relance ou revitalisation de l'oléiculture

Après le gel de 1956 s'est amorcé, bien que très lentement, un mouvement de renaissance de l'oléiculture. Cette relance aura trois objectifs principaux : le développement de l'oléiculture, l'amélioration de la qualité de la production oléicole et sa médiatisation.

Remise en état, développement et amélioration des oliveraies et des paysages oléicoles.
Le développement et l'amélioration de l'oliveraie se font grâce à la recherche, à la formation, à l'information des professionnels et aux aides financières aux oléiculteurs.

Chapitre 3

Recherche

L'Institut National de Recherche Agronomique de Montpellier et l'Ecole Nationale Supérieure d'Agronomie de Montpellier, l'INRA-ENSAM, depuis leur création il y a une cinquantaine d'années environ, ont effectué des travaux sur les mécanismes de floraison et de pollinisation. Aujourd'hui ils orientent leurs recherches sur deux thèmes : les ressources génétiques de l'olivier et l'architecture de l'arbre. Des recherches qui trouvent des applications concrètes en verger.
Les Chambres d'Agriculture et les groupements d'oléiculteurs œuvrent pour la modernisation des techniques

Page précédente : Oliveraie Lacassagne à Salses. Cette oliveraie de 70 ha comprenant 15 000 oliviers est la plus grande de France.

oléicoles (récolte, soins culturaux, taille, irrigation, lutte biologique contre les parasites).

Information et formation

L'information et la formation des professionnels se font par la distribution de documentation, des conseils et des stages de formation.

Des fiches techniques et des documents pédagogiques destinés à la mise à jour et à la diffusion des connaissances sont édités et distribués par les syndicats interprofessionnels, le Comité Économique Agricole de l'Olivier (CEAO) et les Chambres d'Agriculture.

Le Centre d'Initiative pour la Valorisation de l'Agriculture et du Milieu Rural (CIVAM) de la Région Languedoc Roussillon avec le CEAO, l'huilerie coopérative de Clermont-l'Hérault et les Associations pour le développement et la défense de l'olivier (les Fruits oubliés, les Amis de l'olivier, l'Association pour la promotion de l'olivier en Pays nîmois), organisent des stages de formation et de perfectionnement oléicoles, de quelques jours ou plusieurs semaines. Ils s'adressent aux personnes en recherche d'emploi et aux agriculteurs. Ils proposent, une formation générale et technique concernant la taille, l'entretien, la protection phytosanitaire…

Répartition régionale et départementale des oliviers 1996-1997			
	Parcelles	Nombre d'oliviers	Oliviers par parcelle
Provence Alpes Cote d'Azur (PACA)	49 724	2 074 138	42
Languedoc Roussillon	14 255	561 843	39
Aude	426	28 918	68
Gard	8 352	316 594	38
Hérault	5 352	193 438	36
Lozère	1	25	25
Pyrénées Orientales	124	22 868	184

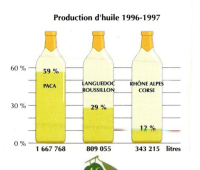

Production d'huile 1996-1997

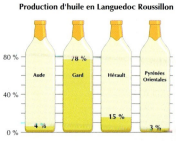

Production d'huile en Languedoc Roussillon

Réhabilitation des sites oléicoles

Le marché de l'huile d'olive de pays ne présentant pas de difficultés d'écoulement, les pouvoirs publics ont pris des mesures afin de retrouver de nouvelles superficies oléicoles dans les années à venir, soit par des nouvelles plantations, soit par des superficies restructurées.

D'importants financements sont mobilisés dans le cadre d'un programme de réhabilitation des sites oléicoles abandonnés. Ils proviennent essentiellement du Fond de Gestion de l'Espace Rural (FGER) mis en œuvre par le décret n° 95 360, du 5 avril 1995, du Ministère de l'Agriculture et de la Pêche, qui a notamment pour mission *« de soutenir, en leur apportant une contribution financière, les actions concourant à l'entretien et à la réhabilitation d'espaces agricoles en voie d'abandon (…) d'éléments naturels du paysage rural, notamment dans un objectif de conservation de la diversité biologique et d'espaces ou l'insuffisance d'entretien est susceptible de provoquer des risques naturels ».*

L'Office National des Forêts organise des stages de débroussaillement de remise en état des murs en pierres sèches. Depuis le printemps 1996, l'État au travers de la Société Interprofessionnelle des Oléagineux (SIDO) a débloqué une enveloppe pour aider à la plantation et à la remise en état d'oliveraies. Ces aides sont de 12 000 F par hectare de superficie oléicole pour une plantation et de 6 000 F pour une remise en état. Les aides sont majorées de 50 % pour les jeunes agriculteurs. Elles sont gérées par les maîtres d'œuvre locaux, dans le cadre d'un développement concerté de l'ensemble de la filière oléicole. Elles concernent les opérations réalisées jusqu'en 1999.

La Région Languedoc Roussillon a décidé d'apporter un financement complémentaire à celui de la SIDO pour les années 97, 98, 99. Ceci a permis d'intégrer de nouveaux maîtres d'œuvre qui n'avaient pu être retenus en 96, à

En haut Montpeyroux, plantation d'une nouvelle olivette

En bas Rabieux, commune de Saint-Guiraud, importante oliveraie en production

cause de l'insuffisance des crédits et d'augmenter les superficies plantées et, ou rénovées.

C'est ainsi qu'il est prévu de planter ou de rénover 400 ha d'oliviers en Languedoc Roussillon d'ici 1999.

Soixante hectares d'oliviers ont été replantés ou remis en état dans la région d'Aniane et de Saint-Jean-de-Fos. Le long de l'autoroute A 75 de Lodève à Pézenas un millier d'oliviers ont été plantés, leur entretien a été confié à des agriculteurs en échange des soins qu'ils leur apportent. Près d'Olonzac, l'Equipement plante des oliviers pour l'ornementation des bords des routes et des ronds points…

Coupures vertes contre les incendies

La réhabilitation de sites oléicoles abandonnés, constitue une source d'activité nouvelle et rémunératrice, elle permet des compléments de revenus pour les agriculteurs ou non agriculteurs et des emplois pour la réalisation des travaux. Elle contribue au maintien de la population locale, voire à son augmentation. Elle a également des effets sur l'environnement, en réduisant les espaces en friche et la multiplication de risques d'incendie. L'Hérault est signalé comme un département à risque, bien que l'importance des pluies depuis 1991, soit cause de la rareté des incendies.

La réalisation de coupures agricoles, ou plus généralement de coupures « vertes » ou coupures « stratégiques », constitue un moyen d'assurer le cloisonnement nécessaire des massifs forestiers les plus sensibles et de diminuer ainsi le nombre des très grands feux. Cette coupure verte doit être entretenue afin d'éviter la propagation du feu. La rusticité de l'olivier et son mode d'exploitation représentent un atout important dans les opérations de défense des forêts contre l'incendie. Pour M. Argenson, directeur du CEAO, l'avenir de l'oléiculture passe aussi par la création de vergers d'oliviers à visées DFCI (Défense de la Forêt Contre les Incendies).

Afin d'encourager la réalisation de coupures agricoles, des aides sont apportées aux agriculteurs, aides financières pour la préparation du sol (DFCI), aides pour l'entretien des arbres (services agricoles).

Des coupures vertes en vergers d'oliviers, ont été réalisées sur les Alpilles, la Sainte Victoire, le Haut Var, elles sont en projet pour l'ensemble du Languedoc Roussillon. Leur réalisation nécessitant la coordination de tous les partenaires : état, région, département, communes mais aussi des propriétaires qui se trouvent sur ces coupures stratégiques, ce dernier point rend la réalisation des projets très difficile.

La remise en état de parcelles d'oliviers, devrait avoir à terme des incidences importantes sur la production d'huile d'olive, qui reste très insuffisante pour répondre à la

Entretien d'une olivette à Saint-Etienne-de-Gourgas, par M. Roger Rudel

demande. Par ailleurs l'aspect paysager de la réhabilitation assure « un mieux être et un mieux vivre » à la population locale, de plus elle permet de rendre le site plus attrayant et ainsi de développer une activité touristique elle-même génératrice d'emplois.

Amélioration de la qualité des olives et de l'huile

Amélioration de la qualité de l'huile, au travers de la recherche, des contrôles, des évaluations organoleptiques, de la mise en place d'appellations commerciales, de labels et d'Appellations d'Origine contrôlée (AOC).

L'amélioration de la qualité de l'huile : analyses chimiques et évaluations organoleptiques

L'amélioration de la qualité de l'huile provient essentiellement de la modernisation des moulins, par l'augmentation de leur capacité de trituration journalière. A cela se sont ajoutés à partir de 1989 des programmes annuels permettant notamment une meilleure organisation de la lutte contre la mouche de l'olive. Des mesures de l'acidité et de l'indice de peroxyde sont effectuées chaque année sur de nombreux échantillons d'huile.

• Contrôle de l'acidité
L'acidité ne se détecte pas directement au goût mais donne une assez bonne évaluation de la qualité globale de l'huile. La valeur limite pour la commercialisation de détail est de 2 gr d'acide oléique libre pour 100 gr d'huile.
Elle augmente avec le pourcentage d'olives véreuses, avec le pourcentage d'olives trop mûres et avec l'augmentation du temps de stockage.

3

4

1. Saint-Jean-de-la-Blaquière
2. Le Puech
3. Puéchabon
4. Lacoste

• Contrôle de l'indice de peroxyde
Cette valeur exprime l'état d'oxydation de l'huile. La valeur limite est de 20 milliéquivalents. Elle augmente avec le taux d'olives véreuses et une mauvaise conservation de l'huile.

• L'amélioration de la qualité passe aussi par l'évaluation organoleptique.
Certains défauts caractéristiques sont rédhibitoires pour la commercialisation de l'huile d'olive.
Les plus importants sont :
- le « chômé » qui est le défaut caractéristique des huiles, obtenues à partir d'olives stockées, dans de mauvaises conditions.
- le « moisi » apparaît si les olives sont stockées trop longtemps, même dans de bonnes conditions.
- le « rance » est une caractéristique des huiles mal conservées.

Il faut par ailleurs signaler, que les caractères « amer » et « piquant » ne sont pas des défauts, ils sont les manifestations de la présence dans l'huile d'agents naturels de conservation, ils s'atténuent avec le temps et ils sont nécessaires au bon équilibre gustatif des huiles fruitées.
Des grilles d'évaluation organoleptiques, sont établies par les groupements d'oléiculteurs, afin de mettre en place des critères précis, pour le classement des huiles, lors des jurys de dégustation et des concours. L'évaluation organoleptique prend en compte : l'intensité olfactive, l'harmonie olfactive, l'expression en bouche des arômes volatils, les arômes de fond, l'harmonie en bouche, l'amertume, l'ardence et l'onctuosité.
En outre, afin de décrire le goût et la spécificité d'une huile, on emploie une terminologie qui s'inspire de celle appliquée aux vins, ainsi les huiles peuvent développer des arômes de vanille, de sous-bois, de chocolat, d'artichaut, d'amande, de pomme mûre, de fruit vert, de verdure, de pêche ou d'abricot...

Les concours

Chaque année les concours régionaux et le concours général agricole de Paris mettent en concurrence les meilleures huiles des terroirs français, ainsi œuvrent-ils eux aussi à l'amélioration de la qualité des produits oléicoles.

• Concours régionaux d'huile d'olive et produits oléicoles
Depuis 1992, dans le cadre de promotion des produits oléicoles du Languedoc Roussillon et de l'Ardèche, le CEAO, les groupements des oléiculteurs de la région

Languedoc Roussillon organisent des concours régionaux. Au cours de la journée les oléiculteurs peuvent proposer leurs produits à la vente.

Le dernier concours régional des produits oléicoles du Languedoc Roussillon s'est déroulé le 30 mars 1998 au Mas de Saporta à Montpellier.
Le jury des producteurs a décerné le premier prix au moulin Paradis (Vézénobres) pour son huile à base de Négrette. Le deuxième prix au moulin Soulas pour son huile de Picholine et le troisième prix à la coopérative de Sommières pour son huile de Picholine. Le Prix des Toques et des journalistes a été attribué à la coopérative de Clermont-l'Hérault pour l'huile de variété Olivière.

• Concours général de Paris pour les produits oléicoles
En décembre 1995, la Direction Départementale de l'Agriculture et de la Forêt (DDAF) a été pressentie par les responsables du Ministère de l'Agriculture de la Pêche et de l'Alimentation et du commissariat général du concours général agricole pour superviser et coordonner les actions en matière de concours général pour les produits oléicoles. Outre l'intérêt qu'ils présentent pour l'amélioration de la qualité des produits, ces concours devraient permettre aux DDAF de mieux pénétrer le milieu oléicole de leur département et de prendre conscience de l'intérêt stratégique offert par l'oléiculture et l'olivier dans le maintien et le développement du tissu rural de leur département et de tout l'intérêt économique que représente une telle filière.

• Des oléiculteurs de l'Hérault se distinguent lors du concours général agricole de Paris.
En février 1997, dans la catégorie huile d'olive :
la coopérative de Clermont-l'Hérault obtint 2 médailles d'argent
Dans la catégorie olives de table vertes :
La confiserie coopérative de Saint-Jean-de-la-Blaquière, a obtenu une médaille d'argent pour la Lucques Royale, les établissements Salles à Aniane se sont vus attribuer une médaille d'argent pour la Lucques Princesse, Pierre Rodriguez confiseur à Lézignan-la-Cèbe une médaille de bronze pour la Lucques Princesse.
En février 1998, dans la catégorie huile d'olive :
Une médaille d'or et une médaille d'argent ont été décernées à la coopérative oléicole de Clermont-l'Hérault.
Dans la catégorie olives de table vertes :
Pierre Rodriguez à Lézignan-La-Cèbe, a obtenu une médaille de bronze pour la Lucques Princesse, une médaille de bronze pour la Lucques Royale et une médaille d'argent dans la catégorie, olives diverses.

Aniane, vigne complantée d'oliviers

Les appellations commerciales

Le règlement CEE n° 1915/87 concernant les appellations, impose des normes très strictes tenant compte du mode de fabrication, de l'acidité et du goût des huiles.

L'huile d'olive vierge est obtenue par pression à froid ou tout autre procédé mécanique similaire. Elle bénéficie de la dénomination de « produit naturel ». On distingue :

Huile d'olive vierge extra
Taux d'acidité inférieur ou égal à 1°, de goût parfaitement irréprochable.

Huile d'olive vierge fine
Taux d'acidité inférieur ou égal à 2°, de goût parfaitement irréprochable mais de qualité moindre.

Huile d'olive vierge courante
Taux d'acidité inférieur ou égal à 3,3°, de bon goût.

Toutes les autres appellations sont des produits faisant appel à un processus chimique dans leur obtention. Ce sont :

L'huile d'olive raffinée est de l'huile obtenue à partir de l'huile d'olive vierge, que son acidité et/ou ses caractéristiques organoleptiques rendent impropre à la consommation à l'état naturel, par des techniques de raffinage qui n'entraînent pas de modifications de la structure glycéridique initiale. C'est une huile claire, limpide, sans sédiments, de couleur jaune clair, sans odeur ou saveur spécifique.

L'huile de grignon d'olive raffinée est de l'huile obtenue à partir de « grignons d'olive » par extraction par solvants et rendue comestible par des techniques de raffinage n'entraînant pas de modification de la structure glycéridique initiale. C'est une huile claire, limpide, sans sédiment, de couleur jaune à jaune-brun, sans saveur ou odeur spécifique.

L'huile d'olive est de l'huile obtenue par coupage d'huile d'olive vierge et d'huile d'olive raffinée.

L'huile de grignon d'olive est obtenue par coupage d'huile de grignons d'olive raffinée et d'huile d'olive vierge.

Les Appellations d'Origine Contrôlée (AOC)

Plusieurs bassins oléicoles français se sont lancés dans la démarche longue et difficile de l'obtention de l'Appellation d'Origine Contrôlée.
Longue et difficile de par le nombre de formalités à remplir et de critères à satisfaire : choix d'un leader dévoué disponible et compétent, création d'un syndicat, tenue de réunions de travail où sont débattus les points cruciaux : délimitation géographique, unité climatique et pédologique, choix des variétés, élaboration d'un cahier des charges maintes fois revu et corrigé… toutes ces opérations sont en relation étroite avec l'INAO.
Une fois le cahier des charges approuvé par l'INAO, le principe de reconnaissance étant acquis, il faut passer par plusieurs étapes : agrément des vergers, lancement d'enquêtes d'utilité publique dans les mairies. Puis après la publication du décret, il faut mettre en place la logistique pour les analyses chimiques en laboratoire, la tenue de jurys de dégustation, la traçabilité et la comptabilité particulière dans les moulins et pour finir le programme de communication et de mise en valeur du produit.
Le résultat est très valorisant. L'huile d'olive AOC ou l'olive AOC se démarque immédiatement des autres pour répondre à une demande de plus en plus pressante du consommateur avisé qui tient à une garantie d'origine. Elle ouvre d'autres mar-

chés jusqu'alors difficiles à conquérir.
Quelques AOC ont été obtenues :
- 1994 AOC olives noires de Nyons et huile d'olive de Nyons,
- 1997 AOC huile d'olive de la vallée des Baux,

Des démarches en vue de l'obtention d'AOC sont en cours pour l'huile de Haute Provence et du Pays d'Aix.

Le syndicat des oléiculteurs du Gard (SOG) s'est constitué en mai 1996. Il a pour principal objectif la reconnaissance en AOC de l'olive verte, Picholine du Gard et des huiles du Gard. Un premier dossier a été déposé en avril 1997 auprès de l'institut National des Appellations Contrôlées (INAO) ; la zone géographique proposée pour les AOC inclut les cantons de l'Hérault qui sont limitrophes avec le Gard.

Le Syndicat des oléiculteurs de l'Hérault créé en septembre 1996, présidé par M. Leconte Dupin, a entrepris à sa création des démarches pour la reconnaissance en AOC de l'huile d'olive dans laquelle l'Olivière, la Clermontaise, la Verdale de l'Hérault… sont en forte proportion, produite par la coopérative de Clermont-l'Hérault et de l'olive de variété Lucques, confite en vert par la coopérative de Saint-Jean-de-la-Blaquière.

Les demandes d'AOC se heurtent à de nombreuses difficultés. En effet les oléiculteurs sont le plus souvent de petits apporteurs, leur production d'huile suffisant tout juste à leur consommation personnelle, ils sont peu intéressés par l'AOC, qui leur imposerait des contraintes qu'ils jugent inutiles. En outre la dispersion du verger oléicole, associé à d'autres cultures ou cantonné sur des terres pauvres et peu accessibles, ainsi que la grande richesse variétale, sont des obstacles à la mise en place d'AOC. Mais le mouvement s'amorce, sa réalisation est en bonne voie.

Les huiles de variété

Parallèlement à ces appellations officielles, les huileries mettent en place des appellations dites « de variété ». Ainsi, l'huilerie coopérative de Clermont-l'Hérault offre à sa clientèle plusieurs sortes d'huiles de variété avec des olives de pays, en vente dès le mois d'avril : Picholine, Lucques, Verdale, Clermontaise, Olivière et de mélange variétal.

Le moulin de Villevieille à Sommières dans le Gard propose à sa clientèle une huile de variété Négrette, douce et dorée et une autre de variété Picholine, forte et de couleur verte.

L'huile primeur ou huile nouvelle

L'huile primeur ou huile nouvelle est obtenue avec les premières olives, elles sont parfois ramassées vertes ; chaque huilerie met en vente pendant le mois de décembre, une ou plusieurs huiles nouvelles, décantées ou filtrées.

L'huile de terroir

Le concept de « terroir », appliqué à l'origine aux vins, implique que le caractère d'un produit est fortement influencé par la parcelle dont il est issu. Le terroir, c'est-à-dire le sol, son exposition et le micro-climat auquel il est soumis, est un des facteurs déterminant du style d'un vin, comme de la qualité d'une huile. Ainsi peut-on distinguer la Rougette de Pignan, l'huile de Saint-Jean-de-Fos... Le concept de terroir se met en place peu à peu.

Afin de valoriser l'huile d'olive, d'en faire un ingrédient de qualité, à haute valeur gastronomique, on emprunte au vin, aliment hautement valorisé, son échelle de valeur : AOC, primeur, terroir. Par le rapprochement des deux produits, par un effet de mimétisme ou d'imprégnation, l'huile d'olive se charge peu à peu, du prestige et de la haute valeur symbolique attribués au vin.

HYMNNE À L'HUILE NOUVELLE

LA « NOVELOLI! QU'ES AQUO? »
L'huile Nouvelle est arrivée!!!

C'est l'huile de Noël, c'est l'huile de la Fête,
C'est l'huile de la Pompe, l'huile de l'Ailloli.
Sur un croûton aillé, quelques gouttes ont suffi,
Pour qu'un rai de soleil, inonde votre assiette.

Alors fêtons ensemble, dans notre Circulade,
L'Olive et l'Olivier, celui des Olympiades,
L'Olivier millénaire, symbole de la Paix,
Celui qui donne l'Huile, utile à la santé,
Et qui nous donne aussi l'exquise Tapenade.

Enfin pour terminer par une Cougourlade
Et pour vanter encore de l'huile les bienfaits,
Prenez-en chaque jour une bonne rasade,
Trinquons à l'HUILE d'OLIVE et à VOTRE SANTÉ!

Adolphe Vidal

Chapitre 4

Médiation et promotion des produits oléicoles

La promotion de l'huile d'olive, de l'olive et de ses dérivés, s'appuie sur le discours écologique, diététique, médical, la valorisation gastronomique et le développement touristique.

L'huile d'olive : un produit naturel

Les techniques de fabrication de l'huile d'olive font encore appel de nos jours à des principes artisanaux et traditionnels. Après la récolte on procède au broyage des olives, et l'on opère ensuite une pression à froid de la pâte qui a été obtenue. Une fois l'huile extraite des fruits, on procède à la décantation qui a pour but de séparer l'huile des margines. Quels que soient les moyens mis en œuvre : moulins traditionnels ou technologie moderne, le but des opérations reste immuable : extraire l'huile qui est présente dans le fruit, suivant des principes purement mécaniques excluant toute opération chimique. Contrairement aux autres huiles végétales, l'huile d'olive ne subit aucune transformation chimique et surtout pas de raffinage.
C'est à ce mode de fabrication, que l'huile d'olive doit ses qualités biologiques et ses effets sur la santé. En outre elle répond bien aux aspirations du mangeur du XXe ou du XXIe siècle, inquiet devant l'abondance suspecte et la toxicité des aliments, et friand de produits naturels, sains…

L'huile d'olive : ses vertus diététiques et curatives

Huile d'olive et santé*

- Les utilisations médicinales de l'huile d'olive depuis l'antiquité.
Les vertus curatives de l'huile d'olive sont connues depuis la plus haute antiquité.
Elle était utilisée en usage externe, en massages cutanés ou dans la confection d'onguents ou de baumes. Elle était prise par voie interne, oralement ou en instillation locale dans le nez, les oreilles, les yeux etc.
- Les usages externes
En massage elle était utilisée dans un but esthétique pour prévenir les rides, garder à la peau sa souplesse et son élasticité, donner brillance et force à la chevelure. Elle ser-

Saint-Jean-de-Fos, olivier approchant le millénaire, de variété Corniale longue.

* d'après les travaux du professeur Bernard Jacotot

vait aussi à soulager les courbatures, réchauffer le corps, diminuer la sudation. En bains de bouche, elle était utilisée dans l'hygiène buccale et dentaire. Grâce à ses effets cicatrisants, l'huile d'olive entrait dans la préparation de nombreuses préparations destinées aux soins de plaies des ulcères et des brûlures.

• Les usages internes

Les propriétés médicinales de l'huile d'olive étaient principalement utilisées dans le domaine des fonctions digestives.

La prise d'huile d'olive à jeun ou avant les repas, était préconisée dans le traitement des ulcères gastroduodénaux et des gastrites avec excès d'acide chlorhydrique, elle permettait aussi de régulariser le transit intestinal et de soigner les maladies du foie et de la vésicule biliaire.

L'huile d'olive et la prévention des maladies cardiovasculaires

Les vertus diététiques et curatives de l'huile d'olive sont l'objet depuis une trentaine d'années de recherches et de travaux réalisés par des médecins soutenus et aidés par la Communauté Économique Européenne.

• Programmes de recherche et congrès sur les mono insaturés et l'huile d'olive :

Depuis 1969, se tiennent dans divers pays du pourtour méditerranéen des Congrès Internationaux sur la valeur biologique de l'huile d'olive, organisé par le Conseil Oléicole International (C.O.I.).

Ces congrès ont permis de réunir de nombreux spécialistes des graisses alimentaires, des épidémiologistes, des biochimistes, des cardiologues et des gastro-entérologues.

A partir de 1982, c'est la Communauté Économique Européenne qui prit en charge le financement des programmes de recherche sur l'huile d'olive, poursuivant ainsi l'action qui fut commencée par le C.O.I.

Parallèlement, des programmes de recherche ont été lancés, dès le début des années 70, sous la responsabilité scientifique du professeur Grande Covian et, en France, celle du docteur André Charbonnier.

En France, les principaux thèmes de recherche ayant été abordés ont été :

- L'étude du rôle que joue l'huile d'olive au niveau des fonctions digestives et biliaires (Dr Charbonnier, à l'hôpital Cochin de Paris).
- L'étude du rôle que tiennent les acides gras dans la croissance osseuse (Dr A.-M. Laval-Jeantet et Professeur M. Laval-Jeantet, à l'hôpital Saint-Louis de Paris).
- L'étude des effets de l'huile d'olive sur les lipides et les lipoprotéines plasmatiques (Professeurs J.-L. Beaumont et B. Jacotot, à l'hôpital Henri Mondor de Créteil).

- L'étude du profil des acides gras sous l'influence de l'huile d'olive (Professeur De Gennes, à l'hôpital de la Pitié-Salpêtrière de Paris).

Ces manifestations témoignent de la vigueur des recherches qui se développent, afin de mieux comprendre le rôle biologique et la valeur que tient l'huile d'olive dans le domaine de la santé.

Caractéristiques chimiques et physiques de l'huile d'olive

Des caractéristiques chimiques et physiques différencient l'huile d'olive des autres huiles végétales et des graisses d'origine animale.

On distingue trois catégories d'acide gras : les acides gras mono insaturés et les acides gras polyinsaturés. « Les effets des acides gras dans l'organisme, en particulier sur le cholestérol sanguin et la prévention des maladies cardio-vasculaires sont différents selon leur nature. Ainsi les acides gras saturés ont tendance à augmenter le taux de cholestérol sanguin, ce qui n'est pas le cas des acides gras mono et polyinsaturés ». (B. Jacotot 1993)

L'huile d'olive est le corps gras alimentaire le plus riche en acide oléique, un acide gras mono insaturé (elle en contient en moyenne de 70 à 80 %).

Elle est pauvre en acides gras saturés, dont on connaît les effets pervers. L'huile d'olive « vierge extra » en comporte en moyenne 15 %, ce sont : l'acide palmitique (8 à 14 %) et l'acide stéarique (3 à 6 %).

L'huile d'olive est pourvue en outre d'acides gras « essentiels », que nous devons trouver dans notre alimentation car nous sommes incapables de les fabriquer, et qui sont indispensables à la plupart de nos fonctions vitales, ce sont :

- L'acide linoléique, un acide gras polyinsaturé, dans des proportions allant de 3,5 à 20 %.
- L'acide linolénique, un acide gras polyinsaturé, dans de petites proportions, 1,5 % environ.

L'huile d'olive est riche en constituants « mineurs » qui lui confèrent des propriétés particulières :
- Des stérols, connus pour s'opposer à l'absorption intestinale du cholestérol alimentaire.
- Des hydrocarbures, parmi lesquels plus de soixante dix-sept composés volatiles qui confèrent à l'huile d'olive ses qualités organoleptiques, son arôme et sa saveur. On sait que le plaisir que procurent les mets permet un meilleur fonctionnement digestif.
- Des tocophérols, qui sont de puissants antioxydants.
- Des alcools tri terpéniques dont le cyclo-arténol qui est réputé pour favoriser l'élimination des acides biliaires.
- Des vitamines liposolubles : A, D, E.

- Les phospholipides, la chlorophylle et ses dérivés :
  Les phospholipides sont des constituants essentiels des cellules vivantes. La chlorophylle stimule la croissance cellulaire et accélère les processus de cicatrisation.

La plupart de ces constituants dits mineurs, disparaissent en grande partie lors du raffinage des huiles, mais restent dans l'huile d'olive « vierge » lorsqu'elle est obtenue par simple pression à froid.

- Bienfaits de l'huile d'olive sur la santé.
- Elle favorise la baisse du taux sanguin du LDL-cholestérol ou « mauvais cholestérol » sanguin et élève le taux sanguin du HDL-cholestérol ou « bon cholestérol ».
- Elle favorise la fluidité sanguine, la baisse de la tension artérielle, elle prévient l'arthérosclérose, la formation

des lésions artérielles et des thromboses.
- Elle a des effets favorables sur le fonctionnement digestif : elle stimule la sécrétion de la bile, la lipase pancréatique, elle provoque l'activité des synthéases, enzymes qui réforment les triglycérides dans les cellules de la muqueuse intestinale.
- Elle favorise la croissance et la minéralisation osseuse : l'huile d'olive, grâce à l'acide oléique qu'elle contient, active l'absorption du calcium, aide au transport de la vitamine D et favorise la fixation du calcium sur la trame osseuse.

Huile d'olive, olives et gastronomie

La cuisine languedocienne est trop souvent peu connue et peu pratiquée. La Provence et la Catalogne en font une parente pauvre et dédaignée. Elle est cependant riche et variée. Elle sent l'huile d'olive du côté de la mer, le saindoux dans l'arrière-pays. Si les viandes sont le plus souvent cuisinées avec du saindoux, l'huile est réservée aux légumes et aux poissons, elle entre aussi dans la préparation de quelques desserts : la croustade aux pommes, le gâteau de pommes de terre au miel…
Lorsqu'on avait peu d'huile d'olive, on la réservait aux périodes maigres de l'Avent et de Carême où les graisses animales étaient interdites. Ainsi l'Afart, le repas du soir de Noël, qui clôturait l'Avent était un repas maigre, composé d'une salade de betteraves cuites sous la cendre, assaisonnées d'huile d'olive, de vinaigre et de persillade, suivi d'un riz au lait au dessert. La morue cuisinée à l'huile d'olive, était le plat traditionnel du Vendredi Saint ; jadis dans les familles aisées, elle était présentée ce jour-là sous trois préparations différentes : en capucine, en cartayade et en tripade. Le pain rassis frotté d'ail, et arrosé d'un odorant filet d'huile d'olive « El pa y all » était une collation, appréciée par tous quand la faim se faisait sentir. La cérémonie de « l'aillade » achevait le rite des épousailles, cette soupe noire de poivre, faite de pain rassis frotté d'ail, arrosé d'huile d'olive et mouillé avec un bouillon, était présentée par les jeunes gens de la noce aux nouveaux époux déjà couchés.
Par le choix des variétés, le terroir, les traitements donnés aux oliviers, la fabrication de l'huile, l'oléiculteur peut obtenir des huiles aux goûts et aux arômes très différents, qui trouveront des applications spécifiques dans la cuisine. Les daubes et les ragoûts supportent des huiles fortes, ardentes mêmes légèrement amères. Les huiles douces sont réservées aux fruits de mer, aux salades et aux desserts. Les huiles primeurs au fruité végétal, présentent parfois une certaine amertume, ou une légère ardence, elles peuvent être utilisées dans tous les plats chauds ou froids.

Vieil olivier d'Aniane âgé d'environ 600 ans, petites olives riches en huile de la famille des Négrettes

Recettes
aux saveurs d'huile d'olive

Aïoli
3 gousses d'ail, 3 dl d'huile d'olive, un jaune d'œuf, le jus d'un citron, un peu d'eau tiède, sel et poivre.

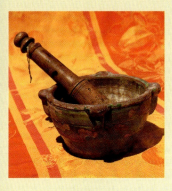

Mettez dans un mortier les gousses d'ail épluchées, pilez jusqu'à ce qu'elles soient réduites en pâte, ajoutez une pincée de sel, un jaune d'œuf et versez-y l'huile à petit filet en tournant le pilon. Lorsque vous aurez versé trois ou quatre cuillères d'huile, ajoutez le jus du citron et une cuillère à bouche d'eau tiède, continuez à verser l'huile en tournant. Si la pommade est encore trop épaisse ajoutez à nouveau un peu d'eau tiède. Poivrez.

Aillade (variante)
12 grains d'ail, 2 cuillères à soupe de vinaigre, 4 œufs, 1/4 de litre d'huile d'olive, sel et poivre.

Mettez dans une marmite 1 litre d'eau, l'ail épluché, le vinaigre, le sel et le poivre, laissez cuire jusqu'à ce que l'ail s'écrase facilement. Séparez les jaunes d'œufs des blancs. Faites une mayonnaise avec les jaunes. Plongez dans la soupe bouillante les blancs et remuez vivement avec une fourchette. Retirez du feu et versez la préparation sur la mayonnaise.

Tapenade
150 gr d'anchois au sel, 250 gr d'olives noires dénoyautées, 50 gr de câpres au vinaigre, 1/2 gousse d'ail, un filet de jus de citron, 3 cuillères d'huile d'olive.

Nettoyez les anchois à l'eau, ne gardez que les filets, séchez-les soigneusement puis mettez-les dans un mortier avec les olives noires, les câpres, l'ail et le citron. Pilez le tout et ajoutez l'huile d'olive.

Capelan farci au sabayon

Pour 8 personnes
150 g de Capelan par personne, 400 g de saumon, 3 + 6 œufs, 1/2 litre de crème, sel, poivre, 500 g de riz de Camargue, 300 g poivron rouge et vert, 200 g d'oignons, 2 dl d'huile d'olive, 1 bouteille de Listel pétillant.

Oter les arêtes du capelan par le dos. Hacher le saumon et le capelan. Ajouter œufs, sel, poivre, crème, 1 dl de pétillant de Listel. Farcir le capelan avec cette mousse. Cuire au four 10 mn à couvert. Clarifier les œufs. Ajouter la crème et monter. Saler, poivrer et ajouter le Listel.

Accompagnement : risotto Camarguais. Faire suer à l'huile d'olive les oignons et les poivrons en Mirepoix. Ajouter le riz et faire revenir. Mouiller avec le bouillon de cuisson des capelans et mettre à niveau avec de l'eau. Cuire 20 mn. Dresser le capelan sur le bord de l'assiette, mouler le risotto et napper le fond de l'assiette avec le sabayon.

Morue à la languedocienne

Pour 4/5 personnes
1 kg de morue, 2 oignons, 3 grains d'ail, 3 poivrons doux, 4 tomates mûres, 1 pincée de safran, huile d'olive.

Faites chauffer dans une marmite, un peu d'huile d'olive. Mettez-y les oignons émincés à dorer, puis les poivrons et l'ail. Ajoutez les tomates coupées en dés, le safran et un peu d'eau. Laissez cuire 10 minutes à feu doux. Ajoutez alors la morue dessalée et coupée en morceaux, faites cuire une dizaine de minutes.

Brandade à l'ail

Pour 4/5 personnes
1 kg de morue, 1/4 d'huile d'olive, 1/2 litre de lait, 4 gousses d'ail.

Faites tremper la morue pendant deux jours dans de l'eau sans cesse renouvelée. Faites la pocher sans la faire bouillir. Egouttez-la soigneusement. Après avoir ôté avec soin les moindres peaux, pilez-la dans un mortier, en ajoutant goutte à goutte l'huile d'olive et le lait chaud. Ajoutez-y les gousses d'ail et poivrez. Travaillez longuement pour obtenir une pâte fine.

Cagarolles en feuilles de vigne

Pour 12 personnes
500 g d'escargots, 250 g de graisse de canard, 500 g d'échalotes, 50 feuilles de vigne, 400 g de navets de Pardailhan, 1/4 d'huile d'olive, un fond de veau, thym, sel, poivre, 1/2 litre vin rouge de Faugères.

Sauce : faire réduire le vin rouge à consistance de sirop. Ajouter le fond de veau, le thym, le sel et le poivre. Laisser réduire de moitié.

Farce : Émincer les échalotes, les faire suer à l'huile d'olive, ajouter à mi-réduction les navets en brunoise, sel poivre et thym. Tourner les navets en olivettes, les faire revenir à la graisse de canard, assaisonner, réserver.

Pocher les feuilles de vigne, tenir au chaud. Chauffer les escargots dans la graisse de canard, ajouter la brunoise et les échalotes. Envelopper une cuillerée de cette farce d'une feuille de vigne. Dresser sur des assiettes chaudes 3 feuilles de vigne farcies alternées avec les navets tournés, disposer un peu de brunoise au milieu, ajouter la sauce réduite autour, servir très chaud.

Carpaccio de taureau de Camargue

Plat froid à faire chez soi
80 à 100 g de rumsteck de taureau, 1 cuillère à soupe d'huile d'olive, 1 cuillère à café de vinaigre Xérès, 1 pincée de fleur de sel, 1 pincée de poivre concassé, 3 filets d'anchois, 2 lucques noires, 1 cébette, 2 feuilles de laurier.

Mettre la viande au congélateur 3 heures avant, afin qu'elle se durcisse. Trancher fin à la machine à jambon (votre boucher le fera volontiers).

Disposer les tranches de viande sur l'assiette.

Assaisonner avec du thym. Disposer les anchois en forme de triangle pour formaliser la tête. Les olives formeront les yeux, les rondelles de cébette (oignons de Lézignan) les naseaux et les feuilles de laurier les oreilles.

Rajouter du poivre concassé et de la fleur de sel au moment de servir.

Tian d'aubergines au coulis de poivrons verts et rouges

Pour 6 personnes
Tous les légumes doivent être bien brillants, fermes et à maturité. 500 g d'aubergines, 500 g de tomates, 3 oignons de Lézignan la Cèbe, 1 poivron rouge et 1 vert, du thym et du romarin, 1/2 litre d'huile d'olive vierge, sel et poivre du moulin.

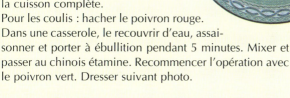

Couper les tranches fines d'aubergines, de tomates, d'oignons. Ranger les légumes dans une petite plaque à rôtir en les chevauchant et en les alternant. Saler, poivrer, égrainer le thym et le romarin, arroser d'huile d'olive. Cuire à couvert à four chaud jusqu'à la cuisson complète.
Pour les coulis : hacher le poivron rouge. Dans une casserole, le recouvrir d'eau, assaisonner et porter à ébullition pendant 5 minutes. Mixer et passer au chinois étamine. Recommencer l'opération avec le poivron vert. Dresser suivant photo.

Croustade Clermontaise

Pour 5 personnes
150 g porc gras, 200 g veau, 200 g de carottes, 200 g céleri branche, 1 oignon, 100 g d'olives vertes dénoyautées, 150 g cèpes, 1 cuillère de concentré de tomates, 1 verre eau, huile d'olive, sel et poivre, 450 g pâte feuilletée, 1 œuf pour la dorure, farine, 1 tourtière beurrée.

Nettoyer les cèpes en enlevant la partie sableuse et en les essuyant soigneusement, sans les laver. Hacher le porc et le veau, assaisonner avec le sel et le poivre. Faire des boulettes de la grosseur d'un bouchon, les rouler dans la farine, puis les faire dorer à la poêle, dans l'huile d'olive, les égoutter et les mettre de côté. Dans le jus de cuisson des boulettes, faire revenir carottes, céleri, oignon coupé menu, puis ajouter cèpes émincés, olives, concentré de tomates, verre d'eau. Saler, poivrer et laisser mijoter 30 minutes. Diviser la pâte feuilletée en deux parties inégales, 300 grammes d'une part, 150 grammes de l'autre, abaisser au rouleau la plus grosse partie et en garnir la tourtière. Disposer les bou-

Développement du tourisme, colloques, fêtes et foires

Arbre mythique, l'olivier est une espèce privilégiée dans le paysage méditerranéen. Sa remise en état et sa relance ne sont pas seulement synonymes de production économique mais aussi de beauté, d'environnement, de traditions, d'histoire…

Le projet de route de l'olivier pour la Région Languedoc Roussillon, sur les bases des réalisations engagées dans les Alpilles, les Baronnies et le Nyonsais, s'inscrit, par la mise en place de circuits de découvertes, dans un contexte de mise en valeur d'une culture et d'une spécificité locale qui correspond à l'activité et à l'histoire des lieux.

On peut espérer que la région, bénéficie un jour des labels « Paysages de reconquête » ou « Sites remarquables du goût ».
Le label « Paysage de reconquête » est accordé par un collège de labélisation placé sous la présidence du directeur de la nature et des paysages (Ministère de l'Environnement), valorise la reconquête locale des paysages et la redécouverte des produits.
Le label « Sites remarquables du goût » est accordé par une commission regroupant les représentants des Ministères de la Culture, de l'Agriculture, de l'Environnement. Une centaine de sites, permanents (lieux de production) ou éphémères (fêtes, foires et marchés) ont été recensés par le Conseil National des Arts Culinaires, afin de promouvoir un tourisme culturel axé sur la dimension patrimoniale de la gastronomie.

Manifestations promotionnelles.
Des manifestations promotionnelles sont organisées tout au long de l'année. Elles prennent différentes formes : elles sont à la fois des manifestations culturelles, des lieux d'information, de concours et de vente.

La Journée Européenne de l'Olivier, fut organisée à Clermont-l'Hérault le 17 avril 1996, à l'initiative du journal « Le Paysan du Midi » hebdomadaire régional, d'informations agricole et rurale, en collaboration avec les organismes professionnels et les collectivités territoriales. Elle a eu pour but de faire le point sur les aspects techniques, économiques, nutritionnels de l'olivier et de ses produits et de traiter des perspectives du développement de l'oléiculture.

Les « Rencontres Méditerranéennes » ont organisé en avril 1997 dans 20 cantons de l'Hérault : des colloques,

Tian d'aubergines au coulis de poivrons verts et rouges

Pour 6 personnes

Tous les légumes doivent être bien brillants, fermes et à maturité. 500 g d'aubergines, 500 g de tomates, 3 oignons de Lézignan la Cèbe, 1 poivron rouge et 1 vert, du thym et du romarin, 1/2 litre d'huile d'olive vierge, sel et poivre du moulin.

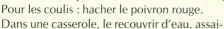

Couper les tranches fines d'aubergines, de tomates, d'oignons. Ranger les légumes dans une petite plaque à rôtir en les chevauchant et en les alternant. Saler, poivrer, égrainer le thym et le romarin, arroser d'huile d'olive. Cuire à couvert à four chaud jusqu'à la cuisson complète.
Pour les coulis : hacher le poivron rouge. Dans une casserole, le recouvrir d'eau, assaisonner et porter à ébullition pendant 5 minutes. Mixer et passer au chinois étamine. Recommencer l'opération avec le poivron vert. Dresser suivant photo.

Croustade Clermontaise

Pour 5 personnes

150 g porc gras, 200 g veau, 200 g de carottes, 200 g céleri branche, 1 oignon, 100 g d'olives vertes dénoyautées, 150 g cèpes, 1 cuillère de concentré de tomates, 1 verre eau, huile d'olive, sel et poivre, 450 g pâte feuilletée, 1 œuf pour la dorure, farine, 1 tourtière beurrée.

Nettoyer les cèpes en enlevant la partie sableuse et en les essuyant soigneusement, sans les laver. Hacher le porc et le veau, assaisonner avec le sel et le poivre. Faire des boulettes de la grosseur d'un bouchon, les rouler dans la farine, puis les faire dorer à la poêle, dans l'huile d'olive, les égoutter et les mettre de côté. Dans le jus de cuisson des boulettes, faire revenir carottes, céleri, oignon coupé menu, puis ajouter cèpes émincés, olives, concentré de tomates, verre d'eau. Saler, poivrer et laisser mijoter 30 minutes. Diviser la pâte feuilletée en deux parties inégales, 300 grammes d'une part, 150 grammes de l'autre, abaisser au rouleau la plus grosse partie et en garnir la tourtière. Disposer les bou-

lettes de viande, les légumes et leurs jus. Dorer les bords de la pâte à l'œuf battu avec un pinceau, poser dessus, comme un couvercle, le reste de la pâte abaissée. Bien fermer en pinçant les bords avec les doigts. Avec la pointe d'un couteau, percer un trou au centre du couvercle pour évacuer la vapeur, bien dorer à l'œuf. Mettre à cuire à four chaud (8-9 - 250 °C) pendant 35 minutes.

Cuisse de canard à la tapenade

Pour 4 personnes

4 cuisses de canard, 100 g de purée d'olives du pays, 250 g de Lucques, 0,25 litre de Fond de veau, 0,125 dl de crème fraîche, sel et poivre.

Faire rôtir les cuisses de canard, déglacer le jus et le mettre dans une casserole avec le fond de veau et la crème fraîche. Rajouter la purée d'olives et les Lucques, saler et poivrer le tout. Faire mijoter les cuisses de canard dans la sauce une fois cuites. Puis monter la sauce au beurre manié. Assaisonner à votre goût.

Fougasse aux olives

500 gr de farine, 15 gr de levure de boulanger, 150 gr d'olives noires, 8 filets d'anchois, 6 cuillères à soupe d'huile d'olive, 1 cuillère à soupe d'herbes de Provence, du sel.

Délayez la levure dans 5 cl d'eau tiède. Dans un saladier mélangez la farine et 2 cuillères à café de sel. Ajoutez 4 cuillères à soupe d'huile d'olive, 25 cl d'eau tiède et la levure dissoute. Mélangez et pétrissez jusqu'à ce que la pâte soit souple et lisse. Ramassez-la en boule. Couvrez d'un linge. Laissez lever 3 heures à température ambiante à l'abri des courants d'air. Préchauffez le four thermostat 9 (250°). Déposez la pâte sur le plan de travail fariné. Divisez-la en 4 pâtons, étalez-les sur 5 cm d'épaisseur. Posez-les sur une plaque huilée. Avec les ciseaux, faites des entailles en biais sur chaque pain, parsemez-les d'herbes. Garnissez avec les olives dénoyautées et les anchois. Arrosez les fougasses d'un filet d'huile d'olive, faites cuire 15 mn à four chaud. Servez chaud ou froid.

Gâteau de pommes de terre au miel

12 pommes de terre, 1 verre de lait, 4 œufs, 300 gr de miel, le zeste d'un citron, une poignée de chapelure, de l'huile d'olive.

Faites une purée de pommes de terre cuites à l'eau. Ajoutez le lait tiède et les 4 œufs. Incorporez le miel. Versez la préparation dans une casserole de terre et saupoudrez la chapelure, mêlée au zeste de citron râpé. Ajoutez un filet d'huile d'olive.

Croustade aux pommes

500 gr de farine, 1 œuf, 1 cuillère d'huile d'olive, 5 pommes, un peu de fleur d'oranger, du sel.

Pétrissez 500 gr de farine, l'œuf, l'huile d'olive et la fleur d'oranger, ajoutez une pincée de sel et de l'eau tiède afin d'obtenir une pâte molette, qui se détachera du saladier. Formez une boule avec la pâte, huilez largement l'intérieur d'une terrine et laissez reposer pendant trois heures. Recouvrez la table de la cuisine d'une grande nappe, poudrez-la de farine ; mettez la pâte au milieu et étirez-la sur toute la surface de la table. Laissez sécher une demi-heure. Enduire d'huile et découper des cercles. Disposez en la moitié dans une tourtière, ajoutez les pommes coupées en tranches fines, recouvrez avec les cercles de pâte restante. Cuire à four chaud un quart d'heure.

Aujourd'hui la gastronomie innove dans l'emploi de l'huile d'olive, on ose des associations originales comme cette glace à l'huile d'olive mise au point par un élève de l'École hôtelière de Montpellier dans le cadre du concours des « Rameaux d'or de la cuisine ».

Le « **Mystère en chaud-froid à l'huile d'olive** » est une glace à l'huile d'olive à base de crème anglaise dans une tulipe croustillante, accompagnée d'un biscuit aux amandes frites à l'huile d'olive, sur un lit de crème anglaise infusée à la menthe fraîche, recouverte de sa cloche en sucre filé.

Préparation de la glace : confectionner une crème anglaise, tiédir et monter à l'huile d'olive et turbiner la glace.
Crème anglaise : infuser la menthe dans le lait et confectionner la crème anglaise.
Appareil à tulipe : mélanger le blanc d'œuf avec le sucre glace, la farine et ajouter le beurre fondu. Laisser reposer au réfrigérateur et confectionner des tulipes à four chaud, à l'aide de moules à tarte.
Biscuit Joconde : monter les blancs d'œufs en neige serré au sucre glace, ajouter de la poudre d'amande, de la farine et du beurre fondu. Étaler sur une plaque de 1 cm d'épaisseur. Cuire à 200 °C pendant 10 minutes.
Sucre cuit : confectionner un sucre cuit à 158 °C et filer le sucre sur un « cul de poule » afin d'obtenir une cloche.

Développement du tourisme, colloques, fêtes et foires

Arbre mythique, l'olivier est une espèce privilégiée dans le paysage méditerranéen. Sa remise en état et sa relance ne sont pas seulement synonymes de production économique mais aussi de beauté, d'environnement, de traditions, d'histoire...

Le projet de route de l'olivier pour la Région Languedoc Roussillon, sur les bases des réalisations engagées dans les Alpilles, les Baronnies et le Nyonsais, s'inscrit, par la mise en place de circuits de découvertes, dans un contexte de mise en valeur d'une culture et d'une spécificité locale qui correspond à l'activité et à l'histoire des lieux.

On peut espérer que la région, bénéficie un jour des labels « Paysages de reconquête » ou « Sites remarquables du goût ».
Le label « Paysage de reconquête » est accordé par un collège de labélisation placé sous la présidence du directeur de la nature et des paysages (Ministère de l'Environnement), valorise la reconquête locale des paysages et la redécouverte des produits.
Le label « Sites remarquables du goût » est accordé par une commission regroupant les représentants des Ministères de la Culture, de l'Agriculture, de l'Environnement. Une centaine de sites, permanents (lieux de production) ou éphémères (fêtes, foires et marchés) ont été recensés par le Conseil National des Arts Culinaires, afin de promouvoir un tourisme culturel axé sur la dimension patrimoniale de la gastronomie.

Manifestations promotionnelles.
Des manifestations promotionnelles sont organisées tout au long de l'année. Elles prennent différentes formes : elles sont à la fois des manifestations culturelles, des lieux d'information, de concours et de vente.

La Journée Européenne de l'Olivier, fut organisée à Clermont-l'Hérault le 17 avril 1996, à l'initiative du journal « Le Paysan du Midi » hebdomadaire régional, d'informations agricole et rurale, en collaboration avec les organismes professionnels et les collectivités territoriales. Elle a eu pour but de faire le point sur les aspects techniques, économiques, nutritionnels de l'olivier et de ses produits et de traiter des perspectives du développement de l'oléiculture.

Les « Rencontres Méditerranéennes » ont organisé en avril 1997 dans 20 cantons de l'Hérault : des colloques, débats, spectacles, expositions, ayant pour thème l'olivier. Cette production du Conseil général de l'Hérault et de l'Office départemental de l'action culturelle fut organisée avec l'aide de la Commission des communautés européennes, de la Direction des relations internationales, du Conseil général de l'Hérault, du Service des affaires culturelles, du journal Le Monde et de Radio France Hérault.

Des fêtes et des foires ayant pour centre d'intérêt l'olivier et ses productions, sont organisées dans différentes communes tout au long de l'année. Elles ont pour objectifs l'information des consommateurs, la valorisation et la vente des produits oléicoles. Conférences sur l'olivier et ses productions, chants et danses folkloriques, animent ces manifestations. En outre sont organisés des concours d'huiles, d'olives confites ou de tapenades.

Clermont-l'Hérault fête du Goût

En 1997 se sont tenues, la Fête de l'olivier de Clermont-l'Hérault en novembre et la Fête de l'huile nouvelle de Saint-Jean-de-Fos en décembre.

La confrérie des Chevaliers de l'Olivier du Languedoc Roussillon est présente lors de la plupart de ses manifestations.

La confrérie de Chevaliers de l'Olivier

La confrérie des Chevaliers de l'Olivier naquit en 1963, à Nyons dans la Drôme. Son premier président d'honneur fut Jean Giono. La confrérie des Compagnons de l'Olivier du Pays d'Aix vit le jour en 1993. En décembre 1992, le Conseil de l'ordre de la confrérie, s'est réuni pour parrainer la naissance de la confrérie des Chevaliers de l'Olivier du Languedoc Roussillon, au Mas de Saporta siège des « Coteaux du Languedoc ».

La confrérie des Chevaliers de l'Olivier a pour tâche, de défendre et mieux faire connaître, les produits de haute tradition que sont l'olive et l'huile d'olive du Pays d'Oc, d'apporter tout le soutien possible au développement de l'oléiculture et au rayonnement de tout ce que représente l'olivier dans le domaine culturel.

L'assemblée générale de la confrérie se tient chaque année dans un lieu différent, elle se déroula le 14 septembre 1997 à Clermont-l'Hérault pour l'ouverture de la campagne oléicole. La confrérie participe tout au long de l'année, aux manifestations oléicoles de la région : le

Concours régional des huiles d'olives du Languedoc Roussillon au Mas de Saporta, les fêtes de l'olivier de Bize-Minervois dans l'Aude, de Millas dans les Pyrénées-Orientales, des Vans dans l'Ardèche et de Clermont-l'Hérault.

L'assemblée a décidé de maintenir la décision de ne pas avoir de Grand Maître permanent. En effet depuis 1993 un Grand Maître est désigné par les Majoraux pour la durée d'un chapitre. A ce jour la confrérie se compose de 138 chevaliers, personnes intronisées au cours d'un chapitre, parmi elles, 23 ont été élevées au grade de Majoral portant alors la cape et le chapeau de velours vert. Chaque Majoral qui parraine un impétrant rédige et prononce son éloge.
La cérémonie d'intronisation des chevaliers de l'Olivier se déroule au cours du chapitre qui se tient dans un des bassins oléicoles de la région Languedoc Roussillon. Au début de la cérémonie d'intronisation le Grand Maître de la confrérie lit aux futurs chevaliers le texte du serment :

« Avec joie j'accepte de faire partie de la Confrérie des Chevaliers de l'Olivier. Je promets par mes paroles, mes écrits, mes actes, de me conduire en franc chevalier, de défendre l'olivier et toutes les vraies richesses, matérielles et spirituelles qu'il nous apporte, de pratiquer les vertus qu'il représente, d'aider dans toute la mesure de mes moyens à la maintenance et à la promotion de sa culture ; d'œuvrer pour l'huile d'olive, nourriture et lumière, et pour l'olivier, symbole de paix et de sagesse ».
Après avoir écouté l'éloge que leur adresse le Grand Maître et avoir goûté l'huile nouvelle et les olives du pays, les nouveaux chevaliers sont adoubés.

La cérémonie se termine par l'hymne provençal ou occitan « Coupo Santo » (la Coupe Sainte) de Frédéric Mistral, repris par toute l'assistance.

COUPO SANTO

Prouvençau, veici la Coupo
Que nous vèn di Catalan :
A-de-rèng beguen en troupo
Lou vin pur de noste plant,

Per la glori dou terraire
Vautre enfin que sias cousènt,
Catalan, de liuen, o fraire,
Coumunien tout-is ensèn !

D'un vièi pople fièr e libre
Sian bessai la finicioun ;
E, se toumbon li Felibre,
Toumbara nosto nacioun.

Refrain :
Coupa santo e versanto
Vuejo à plen bord
Vuejo abord
Lis estrambord
Ell'enavans di fort.

Conclusion

L'essor de l'olivier, porteur d'identité, de tradition et de renouveau économique, doit se poursuivre, cependant à l'heure de la mondialisation, son développement dans la vallée de l'Hérault, le Languedoc Roussillon ou plus largement le pourtour du bassin méditerranéen, doit être concerté.

L'amélioration sensible de la qualité du produit, l'activité en matière de recherche scientifique et la diffusion des connaissances acquises ont eu pour effet de voir l'huile d'olive, alliant santé et gastronomie, faire l'objet d'une attention de plus en plus grande sur le plan mondial.

L'augmentation de la consommation au niveau mondial, a incité certains pays producteurs à accroître leurs surfaces d'oliviers et partant la production. Un excédent certain résultera principalement de l'entrée en production de nouvelles plantations, l'impact s'en fera sentir au-delà de 2005. Les possibilités d'une expansion de la consommation, hors bassin méditerranéen, sont encore relativement importantes, mais elles ne sont pas illimitées. Aussi conviendrait-il d'en tenir compte dans les développements futurs des plans oléicoles.

Les efforts convergents de promotion et d'information devront être consolidés aux niveaux institutionnel et international ; toute initiative future d'extension des surfaces oléicoles devra faire l'objet d'un examen approfondi. La poursuite et le développement de la politique de la qualité des produits oléicoles sont devenus des objectifs fondamentaux.

Lacoste, Mas Audran

Amellau

Taille réelle de l'olive

**CONFISERIE TOURNANTE
OLIVE DE PLATS CUISINÉS**

Synonymes
- Amellenque à Béziers
- Amandier à Nîmes
- Amellaou à Narbonne
- Plan d'Aix (décrite sous ce nom en 1786 par Couture. Il pense que c'est la Liciane du romain Columelle

Origine du nom :
Amellau signifie "Amande", son fruit ressemble à une amande verte.
D'abord répandu en Provence, cet olivier s'est spécialement adapté en Languedoc : à Béziers et aux environs de Montpellier, dans les terroirs de Gignac, Poussan et Aniane, mais rarement en plantations importantes.
Son huile est fort douce mais c'est avant tout une grosse olive à confire. Très appréciée, elle était importée surtout vers l'Angleterre.
Messieurs Villemur, Delmas et Rozier nous indiquent qu'aujourd'hui l'Amellau est reconnu comme le meilleur pollinisateur de la Lucques.
Cette olive est vendue sur les marchés de Saint-Jean-de-Fos en "olive primeur" quand elle est tournante, c'est-à-dire ni verte, ni noire.

Description de J. Ruby (extrait)

Arbre peu vigoureux, de dimensions moyennes, se forme en dôme étalé.
Fruits isolés, rarement par deux sur le même pédoncule, gros, amygdaliformes ; côte très saillante ; arrondis ou tronqués à la base.
Epicarpe irrégulièrement mamelonné, franchement vert jusqu'à la véraison, pâlit très peu à ce moment, se marbre de rose vineux, passe enfin au noir violacé, pointillé, très pruiné.
Pulpe abondante, ferme, assez adhérente au noyau, peu riche en huile.
Noyau gros, cylindracé ou piriforme, souvent comprimé ; surface très finement rugueuse.
Maturité assez précoce.

Ampoullau

HUILE

Synonymes
- Barralenque
- Oléa Europea Spherica de Gouan
- Olea Spherica (Flore de Montpellier)
- Olivea Maxima Sub Rotunda de Garidel
- Manzanilla "Rojal" qui signifie petite pomme, ne pas confondre avec la Manzanille de Long & Bonnet

Cet olivier que l'Abbé Rozier appelait à fruits presque ronds était assez commun autour d'Aix et de Montpellier.
C'est la plus ronde des olives, son épiderme est d'un gris noirâtre.
Elle fournit une huile excellente très fine.

Elle se trouve, ou plutôt se trouvait en mélange avec d'autres variétés à Marseille, Roquevaire, Aubagne et Montpellier.

Elle était cultivée sous le nom de Manzanille en Espagne, rappelons qu'il ne s'agit pas de la Manzanille de Long & Bonnet d'origine sévillane.

Arbéquine

HUILE

Synonyme
• Del Manglo

C'est une variété espagnole originaire de la Province de Lérida.
Expérimentée à Montpellier, on la trouvait çà et là dans l'Hérault.
C'est un arbre rustique de taille moyenne au port pendant. Sa production est abondante en bonne terre mais les olives sont très petites. Sa mise à fruits est très rapide. Le rendement en huile est excellent. Cette huile douce et dorée est de haute qualité.
Aujourd'hui on la retrouve dans les Pyrénées-Orientales près de la Catalogne, son pays d'origine. Ses vergers, très denses, environ 2 500 arbres à l'hectare sont conduits en palissage.

Argentale

HUILE

Synonymes
• Argentaou (dans l'Hérault)
• Luzen (à Nîmes) qui signifie luisant

Cette olive est peu répandue car sa production est faible.
Les paysans l'appelaient le "bâtard" ou "l'arbre bizarre" sans doute parce qu'il est paresseux et difficile à mettre à fruits. L'arbre est très vigoureux et de grande taille, ses branches charpentées sont horizontales ou retombantes.
Son huile est de bonne qualité, sa production est faible. Le poids moyen de l'olive est de 2,10 g.

C'est un arbre d'ornement magnifique par son port et son feuillage argenté très clair et lumineux qui lui a valu son nom provençal de Luzen.

Description de J. Ruby (extrait)

Arbre vigoureux, de taille moyenne ; port arrondi, à demi retombant.

Fruits souvent par deux ou par trois sur le même pédoncule.
Epicarpe lisse, noir très foncé, légèrement pointillé de blanc, très pruiné à maturité.
Pulpe assez abondante, très ferme.
Noyau allongé, cylindracé.
Maturité assez précoce.

Ascolana tenera

Elle est présente un peu partout dans le midi et maintenant fait l'objet d'une production internationale surtout en Amérique Latine et aux USA.
C'est un bel arbre vigoureux aimant les situations chaudes - il craint le gel selon certains - mais cette appréciation ne fait pas l'unanimité.
Sa production est régulière car son autofertilité est reconnue.
Sa chair savoureuse se détachant facilement du noyau en fait la plus réputée des olives de table italiennes, mais sa préparation est délicate car elle est très sensible à la soude. Son rendement en huile est faible 13 %. La maturité du fruit est en novembre mais pour la récolte à partir de fin septembre. Le poids du fruit varie entre 12 et 15 g.
Nous pouvons signaler 1 hectare et demi de plantation moderne faite après le gel de 1956 à Montagnac.

Description de Long & Bonnet (extrait)

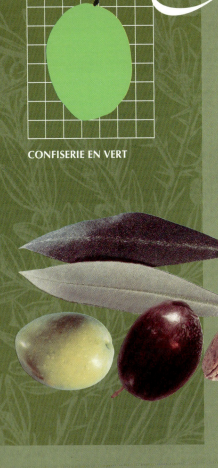

CONFISERIE EN VERT

Arbre :
Développement : Végétation abondante et luxuriante.
Vigueur : Très bonne.
Port : Elevé.
Forme : Pyramidale.
Fertilité : Variété fructifiant abondamment et très régulièrement, dont l'autofertilité a été reconnue d'une façon incertaine.
Fruit :
Volume : Très gros, pouvant peser jusqu'à 13 g.

Il ne faut pas la confondre avec la Sévillane qui a la même grosseur.
Tenera veut dire tendre. Il existe également une Ascolana semi tendre et une Ascolana dure.
Cette olive est d'origine italienne, très ancienne. (Province d'Ascoli Piceno).

Forme : Légèrement ovale ou presque sphérique.
Pédoncule : Epais.
Epiderme : Lisse, de couleur vert clair au moment de la cueillette.

Maturité : Novembre. Récolte en vert de fin septembre à octobre.

Blanche

HUILE

Synonyme
• Blanquet (Languedoc)

Décrite en 1907 par Degrully comme étant répartie ça et là dans notre département. Nous n'en n'avons pas trace aujourd'hui.
Cet arbre se trouvait en échantillon isolé dans les plantations du Languedoc. La production était faible et son huile de qualité ordinaire. Le poids moyen des olives oscille aux environs de 4,92 g. Elle ne se propage plus depuis longtemps, elle a sans doute disparu.

Description de Degrully

Arbre peu vigoureux, à port étalé ; tronc cylindrique, non cannelé - Ecorce grise, fendillée sur le tronc et les branches de charpente, se détachant en lanières courtes.
Arbre de maturité tardive.

Bouteillan (ancienne)

C'est avant tout une variété du Var, mais Amoreux dans son Traité de l'olivier (1784) nous dit qu'elle était répandue autour de Montpellier, davantage même que dans le Gard.

CONFISERIE EN VERT
HUILE

Synonymes
- Olea minor Rotundo Racemosa (Flore de Montpellier)
- Ribies (par erreur) Magnol (1676)
- Cayan, Cayanne (à Salernes)
- Plant d'Aups (dans le Var)
- Plant de Salernes (à Colignac)

Parfois confondue avec la Bouralenque, on peut la reconnaître à cause de son fruit qui sort par trochet.
Elle résistait bien au froid et poussait même au pied du Mont Ventoux.
C'est un très gros arbre qui ressemble un peu au chêne vert.
Mise à fruit (poids moyen 4,40 g) à partir de la quatrième année seulement.
L'huile est bonne mais fait beaucoup de dépôt.
Attention, cet olivier, non retrouvé à ce jour, ne doit pas être confondu avec le Redounan (synonyme Bouteillan) de Ruby.

HUILE

Se rencontre dans le département du Gard près d'Anduze, et aussi dans l'Hérault.
Aujourd'hui, bien retrouvé, il se trouve en vente aux Pépinières Martre.
C'est un arbre peu exigeant, s'accommodant des situations les moins bonnes. Il réclame des tailles fréquentes. Il est sensible aux attaques du Lecanium Olea et du Noir mais il craint peu le Dacus Oleae. Rendement 16 à 19 %.

Caillaou

Description de J. Ruby (extrait)

Arbre très vigoureux.
Fruits très souvent groupés sur le même pédoncule et portés dans la partie dénudée des rameaux, moyens, légèrement asymétriques.
Epicarpe lisse, uniformément violet après la véraison.
Pulpe assez abondante, ferme, blanchâtre, aqueuse, moyennement riche en huile d'une extraction facile.
Noyau légèrement comprimé, asymétrique, en bateau.
Maturité tardive.

Cariol

HUILE

Variété assez répandue dans le Minervois (Aude) se retrouvant un peu dans l'Hérault.
C'est un arbre fertile, productif mais sensible aux maladies cryptogamiques Cycloconium oleaginum en particulier.
Le poids moyen de l'olive est de 2,35 g.

Description de J. Ruby (extrait)

Arbre moyen ou assez grand, moyennement vigoureux ; port semi-érigé.
Feuilles divergentes, sans orientation définie, longues, parfois incurvées, vert cendré à la face supérieure ; blanc lustré à la face inférieure.
Fruits souvent groupés, assez gros, allongés, légèrement asymétriques, un côté plus bombé que l'autre.
Epicarpe noir violacé, lisse à maturité.
Pulpe abondante, brune, assez riche en huile.
Noyau long, comprimé, une valve presque plate ; nettement effilé vers la base.
Moyenne époque de maturité.

Clermontaise

HUILE

Cet olivier se rencontre exclusivement autour de Clermont-l'Hérault près des communes du lac du Salagou.
A ce jour il jouit d'un grand engouement car son huile est reconnue d'une finesse parfaite.
C'est un arbre à port boule, non aéré avec des rameaux courts et des olives petites groupées par 2 ou 3.

Son feuillage est particulièrement sombre nous dit Marc Rozier (1998). Voici sa description :
Variété de petite taille - très peu vigoureux. Port en boule - Parfois étalé. Les olives sont petites rondes - isolées ou en grappes - Maturité relativement précoce. Récoltes régulières - peu alternantes - et souvent abondantes. Procure une huile très fine avec des hauts rendements. Résistance aux parasites - et maladies.
N'a pas été citée par Ruby.

Corniale

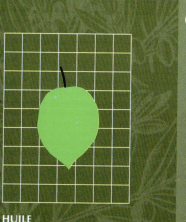

HUILE

Synonymes
- Pendoulier Olivier pleureur (nouveau Duhamel)
- Son nom vient de sa forme, celle d'une cornouille

Nous précisons qu'il s'agit de la Corniale de l'Hérault ou Corniale des auteurs Ruby et Degrully.
Les Corniales, tant en Italie, qu'en France, sont très nombreuses. Il est donc difficile de les rattacher aux auteurs anciens dont les descriptions sont parfois insuffisantes pour permettre des comparaisons rigoureuses.
La Corniale ou Plant de Salon décrite par l'Abbé Rozier par exemple, a un pédoncule long et grêle et ne peut être comparée à la variété qui nous occupe.

Son huile est fine, l'olive est souvent véreuse et son rendement médiocre. Son poids moyen est de 1,70 g.
L'arbre a été reconnu par l'I.N.R.A. comme le meilleur pollinisateur de la Lucques.
Monsieur Marc Rozier en a authentifié un récemment au Parc Botanique d'Alès.

Description de J. Ruby (extrait)

Arbre de taille moyenne, vigoureux ; port retombant.
Fruits assez souvent groupés sur le même pédoncule, pendants le long des rameaux eux-mêmes retombants.
Epicarpe lisse, vert clair jusqu'à la véraison, se teinte alors de rose vineux, passe ensuite en brun violacé très légèrement pointillé, peu pruiné.
Pulpe peu abondante, violacée, pauvre en huile.
Noyau long, généralement incurvé.

Degrully nous dit "La Corniale est sans doute le plus beau des oliviers de France.
Ses dimensions remarquables et sont aspect de saule pleureur lui donnent un caractère ornemental que ne retrouve dans aucune autre variété."
Il n'existe nulle part de plantations importantes. Cet arbre se dissémine un peu partout dans le Languedoc et la Provence au milieu de variétés plus répandues.

Petite Corniale

HUILE

La Petite Corniale présente, en raccourci, les mêmes caractères que la Corniale. Feuille plus étroite, olive plus mince mais de forme et d'aspect identiques.
Moins vigoureuse et moins productive que la précédente, cette variété ne semble pas devoir être recommandée.
On la retrouve aujourd'hui encore répandue çà et là en Provence, Drôme et Languedoc-Roussillon.
Il en existe encore un petit verger autour du Pic Saint Loup.

Frantoio

HUILE

Synonymes
- Correglio
- Razzo

Très réputée en Italie (Toscane, Marches et Pouilles) pour être la plus productive des variétés en huile. Le rendement peut atteindre 29 %.
L'arbre considéré comme auto stérile donne cependant de meilleurs résultats avec une variété pollinisatrice comme Pendolino.
Sa maturité est échelonnée et il ne craint pas trop les fortes chaleurs de l'été. Il est maintenant cultivé un peu partout dans le monde.
Sa multiplication par bouturage herbacé est assez facile.

Lucques

**CONFISERIE
SURTOUT EN VERT**

C'est une très ancienne variété nommée par Tournefort (1700)
- Olea Minor
  Et par l'Abbé Rozier (1822)
- Olea Europaea odorata

Elle ne s'est développée chez nous qu'après 1820

Cette olive provient vraisemblablement de la Province de Lucques en Italie.
C'est une très ancienne variété nommée par Tournefort en 1700, Olea Minor, et par l'Abbé Rozier en 1822, Olea Europaea odorata.
En France, l'Hérault est sa terre d'élection. L'arbre ne craint pas le froid mais sa fertilité est irrégulière et ses fruits très fragiles. Cet arbre très exigeant doit obligatoirement être irrigué.
La Lucques est cultivée franche de pied ou greffée sur l'Olivière. La taille doit être bien adaptée à la vigueur de l'arbre. Ses pollinisateurs principaux sont l'Amellau, le Cayon et la Négrette. Ce fruit allongé, courbé en croissant est très prisé en confiserie car sa chair fine à saveur délicate se détache facilement du noyau. Son rendement en

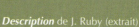

Description de J. Ruby (extrait)

Arbre moyen ou grand, assez vigoureux.
Fruits isolés ou quelquefois par 2 sur le même pédoncule, pendants, souvent entremêlés.
Epicarpe mince, lisse, très peu tiqueté, vert clair jusqu'à la véraison, devient ensuite noir luisant, peu pruiné.
Pulpe abondante, ferme, se détachant bien du noyau.
Noyau mince long, en forme de croissant, légèrement côtelé.
Maturité assez hâtive.

huile est de 17 % et le poids moyen de l'olive est de 3,82 g.
A fait l'objet d'un travail de sélection qui a fait émerger 4 numéros agréés dans les pépinières.
(Marc Rozier, service Oléiculture).
Elle se paie généralement 1/3 de plus que les autres variétés.
D'une maturité assez hâtive, elle se récolte en octobre.

Manzanille

(Il existe une dizaine de différentes Manzanillas en Espagne)
C'est une olive andalouse, son nom signifie petite pomme en espagnol à cause de la rondeur de son fruit.
L'arbre s'adapte à tous les sols ; sa production est abondante, régulière et soutenue. Son port étalé facilite la cueillette. Il est sensible au froid.
Le fruit de 3 à 5 grammes est utilisé à toutes les fins. Son rendement en huile est de 20 %. Pour la conserve en vert les fruits sont réguliers.
Les Etats-Unis en sont très amateurs, ils l'utilisent pour la conserve en noir.
Toutes variétés confondues, c'est une des meilleures olives du monde selon Marc Rozier. Actuellement en développement.

**CONFISERIE EN VERT
TOURNANTE & NOIR
HUILE**

Synonymes
- Manzanilla de Sevilla
- Manzanilla das Hermanas

Description de Long & Bonnet (extrait)

Forme : Ronde, ou légèrement ovoïde. Arrondie à l'extrémité opposée au pédoncule. Dépression pédonculaire nette.
Pédoncule : Moyen
Epiderme : Vert franc, puis noir brillant à maturité complète.
Chair : Assez abondante, très savoureuse et fine, reste ferme sans être dure. Relativement riche en huile (rendement 20 % en huilerie)
Noyau : Petit, à surface lisse.
Maturité : Novembre. Cueillie en vert fin septembre/octobre.
Qualités et défauts
Cette variété présente un ensemble de qualités qui la font justement apprécier. Sa mise à fruit est précoce, et l'arbre malgré des dimensions relativement modestes donne des productions abondantes, régulières et soutenues. Son port étalé et peu élevé facilite la cueillette.

Marseillaise

Cette olive citée comme Montpelliéraine par Amoreux (1784) et par un autre auteur anonyme, n'existe plus à notre connaissance, à ce jour.

Menudel

HUILE

Synonyme
- Menudal

Variété citée par Ruby, mais non décrite. Présente en bassin Lodèvois.

Description de Marc Rozier (1998)

Olivier de petite taille - apprécié par la finesse de l'ensemble de sa végétation. En effet les feuilles fines, de dimensions moyennes lui confèrent un aspect ornemental. Il serait possible de confondre la variété Moufla avec la variété Verdale de l'Hérault, qui offrent toutes les deux, à la vue, une finesse végétative.

Toutefois la Menudel est loin de présenter un port altier, droit comme la Verdale. Donc une variété de petite taille - Port érigé. Les rameaux sont courts, bien fournis en feuilles, souples ils sont parfois pendants. Feuillage d'un vert très clair. Les fruits sont détachés. Pédoncules demi-longs, ronds à demi-ronds, parfois oblongs. Récoltes très abondantes en durée de production. L'huile appréciée pour sa finesse à un rendement moyen. Variété pollinisatrice de la Lucques pour le bassin Nord de l'Hérault.

Moirale

CONFISERIE EN NOIR
HUILE

Synonymes
La Moirale serait d'après Coutance
- l'Olea Pausia de Virgile

C'est
- l'Olea Europea Precox de Gouan
- la Mourette de l'Abbé Rozier
- l'Aulivo Barrolinquo de Garidel

D'après Couture, autrefois, les paysans distinguaient deux espèces :
- la Cabrelin ou Mouraou Cornier
- la Mouraou Redoun.

Dans l'Hérault on l'appelait Amande de Castres (du village de Castries) et on en cultivait beaucoup. Une olive moyenne pèse 1,27 g.

Tous ces noms variés nous montrent qu'une grande confusion s'est installée au cours des siècles. Il ne faut pas la confondre avec la Michelenque de Ruby dont nous avons identifié un exemplaire à côté de Montpellier.

Voici ce que nous en dit Degrully
"La Moirale était autrefois très répandue et très estimée dans le Languedoc ; on lui reprochait seulement sa maturité trop hâtive, qui obligeait de la récolter séparément si l'on ne voulait laisser tomber les olives."

Description de Degrully (extrait)

Arbre vigoureux, d'assez grandes dimensions, à port étalé et retombant.
Fruits régulièrement distribués sur toute la longueur des rameaux, le plus souvent isolés, parfois réunis par 2. Peau assez épaisse, pulpe colorée en rouge vineux foncé par un jus peu abondant.
Noyau très gros, de la même forme à peu près que l'olive, portant une rainure profonde dans le sens longitudinal.
Arbre de première maturité.

Moncita

HUILE ET TABLE

Description de Marc Rozier (1998)

Hybride de la variété Lucques. Création INRA - Arbo. Montpellier - ENSAM.
Inscrite au catalogue des Fruits et Légumes suite aux observations effectuées aux Vergers de Serame - Lezignan - Aude - aujourd'hui arraché.

Variété en port demi-boule, très peu érigé.
Fruits demi-longs, petits à moyens, légèrement incurvés.
Précocité exceptionnelle de mise à fruits - 3/4 ans.
Récoltes abondantes et régulières - très faible ou absence totale d'alternance.
Rendements en huile assez moyens.
Sensibilité extrême à la verticilliose en plants issus de bouturage.
Nécessite impérativement une mise en porte-greffe.

Moufla

Description de Marc Rozier (1998)

La variété Moufla se rencontre dans le bassin lodèvois.
Elle figure à titre de quelques arbres dans les petites oliveraies.
Variété non identifiée par Ruby.
Olivier de vigueur très moyenne - Port en boule - parfois semi-érigé.
Les arbres ont plus ou moins résisté au gel de 1956 - seraient tous francs de pied.
Les rameaux sont courts, peu nombreux.
Fruits moyens, parfois gros, aplatis aux deux extrémités - chair assez molle.
Donne des productions moyennes, régulières.

HUILE

Olivière

Deux types semblent se différencier.
L'Olivière est une variété très ancienne, l'arbre est très vigoureux et dans un bon terrain sa production est abondante et régulière. Il résiste bien au froid.
Cet arbre était très commun aux environs de Montpellier. On le retrouve dans l'Hérault, l'Aude et les Pyrénées Orientales ; il est à peu près inconnu ailleurs.
Les fruits sont sujets aux vers et tombent parfois avant d'être mûrs. D'un poids moyen de 2,35 g, ils se reconnaissent à leur forme de toupie. Ils se confisent bien. Le rendement en huile est de 18 à 20 %.
L'Olivière est souvent utilisée comme porte-greffe et aujourd'hui cette variété est remise à l'ordre du jour et sa culture augmente.

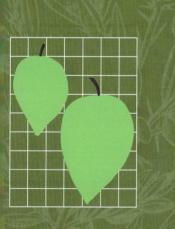

CONFISERIE EN NOIR
HUILE

Synonymes
- Première description Olea
- Angulosa de Magnol
- Ouliviera dans l'Hérault
- Pointue ou Oliva Punchada Ouana dans les Pyrénées
- Gallinenque
- Laurine
- Becu, Becaru

Description de J. Ruby (extrait)

Arbre vigoureux, atteignant de grandes dimensions ; port étalé.
Fruits fréquemment groupés sur le même pédoncule et portés au-dessous de la portion feuillue des rameaux ; moyens, base large, obtuse ou franchement tronquée.
Epicarpe vert franc, légèrement tiqueté jusqu'à la véraison, se marbre alors de violet sans décoloration préalable et devient ensuite tout à fait noir, très pruiné.
Pulpe assez abondante, ferme, violacée, aqueuse, assez riche en huile.
Noyau allongé, tronqué à la base, à peu près cylindrique sur les 2/3 de sa longueur.
Maturité assez précoce.

CONFISERIE EN VERT
HUILE

Pagetoise

Issu de semis dans les années 30 et mis en valeur par M. Pagès, fondateur de la Coopérative Oleicole de Clermont-l'Hérault.
Aujourd'hui on trouve quelques arbres aux alentours de Clermont.
C'est une très belle olive, son poids dépasse 4 g. Elle pourrait être confondue avec la Sévillane (qui est plus grosse).

Picholine du Gard ou Coiasse

Son vrai nom devrait être Coiasse ou Plant de Collias car il a existé, et peut-être existe toujours une Picholine historique plus ancienne et d'autres encore, qui avaient pris le nom de la fameuse préparation "Olive à la

**CONFISERIE EN VERT
HUILE**

Synonymes
- Fausse Lucque (Vague analogie de forme)
- Cerains pensent qu'il s'agit de l'Orchite décrite par les romains.

picholine" mise au point par l'agronome, d'origine italienne, Picholini, au début du XVIIIe siècle, à Saint Chamas dans les Bouches-du-Rhône.
La Coiasse se divise en deux variétés : le Coiasse ordinaire et le Coiasse filiaire, c'est le premier qui nous intéresse ici.
Maturité décembre/janvier (récolte en vert octobre/novembre).
Le poids moyen de l'olive est de 4 g.
C'est la production numéro un française pour les olives vertes.

Notons également que son huile est excellente.
C'est une variété rustique et résistante, facile à greffer, s'accommodant de tous terrains.
Après les travaux de sélection par Marc Rozier - Services de l'Oléiculture de l'INRA - 8 clones sont sortis du verger de base à Vestric dans le Gard et sont disponibles à la vente.

Description de J. Ruby (extrait)

Arbre moyen ou petit : port relativement étalé.
Pulpe très abondante, rose violacé, ferme, moyennement riche en huile.
Noyau long, mince, fusiforme, effilé aux 2 bouts.
Fruits pendants, parfois groupés sur le même pédoncule et portés au-dessous de la portion feuillue du rameau, moyens ou gros, ovoïdes allongés, nettement plus bombés d'un côté que de l'autre.
Epicarpe lisse vert franc jusqu'aux approches de la véraison, se teinte alors de rose vineux, puis, tardivement, de violet foncé presque noir.
Maturité tardive.

**CONFISERIE
HUILE**

Synonyme
- Pigaou

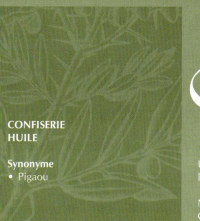

Une chose est sûre : elle n'est pas l'Olea Variegata de Gouan.

Nous reprenons ici la description de Guillaud qui, en 1899 a été le premier à décrire celle qui nous concerne : "La Pigale, que l'on rencontre encore quelquefois aux environs d'Aix, était jadis beaucoup plus cultivée dans le Languedoc, à Montpellier, à Nîmes où elle constitue un des plus grands oliviers et des plus vigoureux. Les rameaux nombreux sont renflés à leur point d'insertion et légèrement pendants. Le fruit est de grosseur moyenne, allongé, presque cylindrique et arrondi aux deux bouts ; il est longuement pédonculé, et à l'époque de la maturité il devient rouge puis noir, tiqueté de points blancs et luisants. La Pigale mûrit tardivement ses fruits qui peuvent servir pour la table et produisent aussi une huile excellente." Pigale ou Pigaou signifie piqueté ou marbré. Bien entendu ce nom a été attribué au cours du temps à d'autres variétés, également tiquetées, ce qui a entraîné de nombreuses confusions. Le poids moyen du fruit est 2,6 g. Les plus importantes plantations de Pigale se situaient dans la commune de Saint Georges, près de Montpellier.

Redondale de l'Hérault

CONFISERIE
HUILE

Synonymes
- Redounaou
  Redoudale (à Béziers)
  Cereirau (à Nîmes)
  Poumaou (dans le Vaucluse)

car sa production et son rendement en huile sont faibles.
Aujourd'hui on en trouve encore dans la région de Lodève.
L'olive est petite et ronde d'un poids moyen de 1,30 g.

Description de J. Ruby (extrait)

Arbre assez grand, vigoureux, port semi-érigé.
Fruits isolés ou par 2 ou 3 sur un même pédoncule.
Pulpe abondante, blanc rosé, riche en eau, pauvre en huile.
Noyau ovoïde, presque symétrique ; ligne suturale bien apparente.
Maturité assez hâtive ; le fruit tombe très facilement.

Signalons que la Redondale décrite par Auguste Ricard en 1824 ne correspond pas à celle décrite un siècle plus tard par Dégrully.
Cet olivier était encore assez répandu en Languedoc et un peu en Provence au début de ce siècle.
Cet arbre est devenu rare de nos jours

Rose

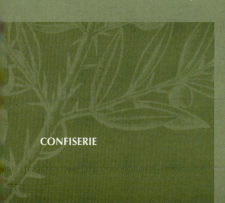

CONFISERIE

Origine inconnue.
Ne pas confondre avec "l'Olivier à la Rose" que l'on rencontrait dans l'Hérault sous le nom "Olea Rosea, Odorata".

Notre Rose décrite par Ruby était peu répandue.
Son seul mérite résidait dans le fait d'être utilisée pour la confiserie.

Description de J. Ruby (extrait)

Arbre assez vigoureux, de taille moyenne.
Fruits souvent par 2 ou 3 sur le même pédoncule, situés au-dessous de la portion feuillue des rameaux, moyens ou gros, allongés, cylindracés, faiblement asymétriques.
Epicarpe lisse, noir rougeâtre, finement pointillé à maturité.
Pulpe assez abondante, violacée.
Noyau très allongé, un peu aplati, souvent incurvé.
Moyenne époque de maturité.

Rouget de l'Hérault

Ne pas confondre avec d'autres Rougettes, notamment la Rougette du Gard.
Ruby nous la décrit
"Olive spécifique au département de l'Hérault, dans la région de Montpellier".
L'arbre est rustique, résiste bien aux hivers rigoureux et se contente de très mauvais terrains.
Peu sensible aux parasites, et surtout au ver de l'olive, sa récolte est satisfaisante. Le rendement en huile est faible, quant aux fruits leur poids moyen est environ de 2,27 g.
Ce Rouget existe en très petite quantité dans l'ensemble de l'Hérault, mais il est encore mal authentifié.

Description de J. Ruby (extrait)

Arbre vigoureux, grand : port semi-érigé ; sa forme naturellement en boule.
Fruits assez fréquemment groupés sur le même pédoncule et accumulés sur la portion dénudée des rameaux.
Epicarpe vert franc, légèrement tiqueté jusqu'à véraison, pâlit à peine à ce moment-là, prend ensuite une teinte rouge vineuse assez persistante, passe enfin au violet foncé et au noir finement pointillé, peu pruiné, luisant.
Pulpe moyennement abondante, se détachant bien du noyau, blanchâtre, aqueuse, pauvre en huile.
Noyau ovoïde, aminci vers la base.
Maturité tardive.

HUILE

Synonyme
- Rougette

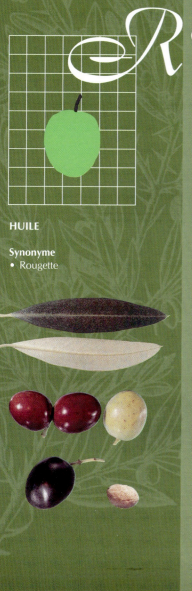

Saillerne

HUILE

Synonymes
- Sagerne - Olea Minor
- Rotunda, Rubro-Nigricans Tournerfort (1700)
- Olea Efro-Rubens dans la Flore de Montpellier
- Salierne à Montpellier

Kenrick (1841) aux USA a décrit sous ce nom une olive différente.
La Saillerne est une variété assez répandue en Provence, surtout dans les environs d'Aix, et dans le Languedoc. C'est un arbre assez délicat, sensible aux froids : aussi n'en existe-t-il pas beaucoup de très vieilles plantations. C'est néanmoins une variété méritante, surtout à cause de l'excellente qualité de son huile.
L'arbre est de taille moyenne et présente un aspect très vigoureux. Cette variété donne des produits annuellement et fournit une huile excellente pour la production de laquelle on l'exploite d'une façon exclusive.

Description de Degrully (extrait)

Arbre très vigoureux, moyen ou grand, à port étalé. Rejets très nombreux : c'est une des variétés qui en donnent le plus.
Fruits le plus souvent isolés, parfois groupés par 2, sur les rameaux de 2 ans. - Pédoncule long (fruits pendants), inséré dans une dépression peu profonde du fruit.
Olive assez petite (longueur 1 1/2 à 2 cm ; largeur 1 à 1 1/4 cm), de forme presque ovoïde, un peu allongée, légèrement bombée d'un côté. Le fruit est noir foncé à la maturité et couvert d'une pruine abondante.
Peau fine ; pulpe peu abondante, peu charnue, juteuse, colorée en rouge vineux foncé.
Noyau gros de même forme que l'olive.
Arbre de moyenne maturité.

Sevillane

CONFISERIE

Synonymes
- Gordal
- Royale d'Espagne
- Arauco (par erreur)

C'est l'Olivia Hispanica de l'Abbé Rozier (1822).
Présente dans l'Hérault, cette variété espagnole d'origine ancienne est toujours très répandue dans la province de Séville.
La grosseur de son fruit plus que la qualité de sa chair l'a faite s'étendre dans tous les pays oléicoles.
Malgré sa très grande sensibilité à la moucho, elle se prête bien au conditionnement en bocaux sous forme d'olives dénoyautées, fourrées aux anchois, câpres, piments etc.
Un verger existe dans la commune de Cessenon (34).

Description de Long & Bonnet (extrait)

Arbre
Développement : important
Vigueur : bonne
Port : arbre à frondaison largement pendante
Feuillage : feuilles lancéolées, minces, abondantes, vert foncé
Floraison : précoce
Fertilité : moyenne, irrégulière
Fruit
Volume : la plus grosse des variétés d'olives connues.
Forme : ellipsoïde avec dépression